新釈 マルセイユ タロット 詳解

運勢好転への羅針盤

浜田優子

東洋書院

はじめに

この本を手に取ってくださった皆さまとのご縁に感謝いたします。

皆さまはどのような経緯で、タロットに興味を持たれたのでしょうか。私の場合、誤って書店で手に取ってしまったところから付き合いが始まりました。

将棋の本を取ろうと思って手を伸ばしたはずが、なぜかそこに紛れ込んでいたタロットカードの本を掴んでしまったようなのです。会社のお昼休みのこと。午後の始業時間が迫っていたのもあり、よく確認せずに勢いでレジに向かってしまったのでした。帰宅後に間違いに気づいたのですが、時すでに遅く、これも何かの縁だと思ってページをめくりました。

ところが、解説書に従って占いを始めたものの、どうも要領を得ません。中途半端に興味を持ってしまったのもあり、とりあえず、タロットの勉強会に参加してみました。

しかし、そこでも消化不良。

どうしたものかと考えあぐねていたところ、再び偶然に、『ギルガメシュ叙事詩』についての本に巡り合いました。英雄ギルガメシュ王が永遠の生命を求めて旅をする古代メソポタミアの文学作品です。

簡単にあらすじを紹介しましょう。

古代メソポタミアに、ギルガメシュ王という神の血を引く王がいました。王は傍若無人に振る舞い、領民を困らせていたのですが、ある日神から遣わされたひとりの男と出会います。男の名はエンキドゥ。2人はどちらが強いか決めるために組みあいますが、決着はつかず、互いを称え合って無二の親友になります。それから2人は数々の武勇伝を打ち立てますが、ある時神の怒りを買ってしまい、罰としてエンキドゥに死が定められます。

親友を失った王は嘆き悲しみますが、自分もまた人間である以上死ぬ運命だと知り、永遠の生命を求めて不死を得た聖王に会いに旅に出ます。旅の途中、蠍《さそり》人間が入口を守る双子山があり、そこを越えるのに非常に苦労しますが、ついに聖王に会うことが叶います。

残念なことに不死の秘密を知ることはできませんでした。その代わりに若返りの草を手に入れることに成功します。

ところが、帰る途中に水浴びをしていた時のこと、あろうことか蛇に草を持っていかれてしまい、失意のうちに故郷に辿り着きます。

この作品を読み進めていくうちに、各シーンのイメージがタロットカードのシンボルと重なりました。例えば、蠍《さそり》人間が双子山の前で門番をしている場面は、タロットカードの「月」の図柄に似ています。「太陽」の2人の子供の図柄は王とエンキドゥ、「星」の女性の図柄は宮廷の遊び女に似て、自分の中で何かのスイッチが入ったようにイメージが膨らみ、改めて自分なりにカードの解釈を試みました。

ですから、私のタロットカードの解釈は永遠の生命の探求、輪廻転生がテーマになっています。ギルガメシュ王は永遠の命を手に入れることができませんでしたが、旅を経て成長していきます。叙事詩の冒頭が「すべてを見たる人」と、ギルガメシュ王を指す言葉から始まっていることがその証拠です。そんな風に、転生を繰り返しながら永遠に近づいていく生と死のプロセスをタロットカードのストーリーとしたのです。

魂は成長と変化を経て死を迎え、肉体を脱ぎ捨て、今度はあの世を旅します。旅のゴールが近づくと転生の必要があるか否かが判断され、否の場合は再び生まれ落ちて新たな生を始めます。この一連の流れを、タロットカードの順番に当てはめました。転生の必要のない完全な魂はタロットカードの「世界」で示され、転生の原理原則から解脱したものが「愚者」で示されています。

この発想を軸にしつつ、東西の神話や哲学、宗教観など様々なものからヒントを得て解釈を完成させました。

つまり、本書は筆者のオリジナル解釈なわけです。

一般的に教科書通りに占いをすれば一人前になれると思われているようですが、それはまったくの誤解です。四柱推命には古典がありますが、古典を読み込むだけでは納得できる占いはできません。古典を元に〝当たる〟ように工夫し、占いの鑑定データを集め、それを分析して初めて〝秘伝〟が生まれます。流派が存在するのはそのためで、その工夫こそ奥義なのです。

ルーツが明確でないタロットには、絶対に守らなければならない教科書がありません。正解がないのです。

自由で、可能性は無限です。

本書は、これでもかというほど筆者の世界観を色濃く反映していますが、他には書かれていないカードの意味やイメージの引き出し方について細かく説明しています。意味の由来や理由が解説されている解説書が少ないと感じた経験から、特にこの点を明確にしました。読み終わる頃には、カードの意味を丸暗記することなく、ケースに合わせてその場でイメージできるようになっていると思います。

また、カードの意味を本書では「象意」と呼んでいますが、この象意は自分で作り上げていくものです。その理由については、本書で詳しく述べています。占いは、この象意を自分のものとして使いこなせて初めて成功します。このことは、占いを日々実践している方なら誰もが同意してくれることでしょう。

そのヒントにしてほしいと願って本書を書きました。採用したいところを採用し、しっくりこないところは大胆に切り捨ててくださって構いません。皆さまの自由です。こんなアイデアもあるのだと知っていただければ幸いです。すると、どんな構成やシステムのタロットでも他の占いでも、新しい発想で自分流の術を完成させることができるはずです。

また、占例として実際の現場で質問されることが多いオカルト的なものを一部掲載しましたが、タロットは決してオカルト的なものではなく、幸せな人生を送るためのツールであるとご理解ください。

それでは、皆さまのタロットとの旅が成功することを願いつつ……。

新釈 **マルセイユ タロット**詳解 ── 目次

第一章 基礎

第一節　タロット占いの基礎

タロット占いとは

タロット占いとは、「タロット」と呼ばれるカードを使う占いのことです。

カードには神や天使など神秘的な図柄が描かれていて、この図柄から占いの質問に対する答えを読み取ります。

占う方法は非常にシンプルです。最初に質問を設定し、混ぜ合わせたカードから質問の答えを示唆するべきカードを引くだけですので、誰にでも簡単に始められます。

タロットと一口に言っても非常に多くの種類があり、どれを使ったらよいか迷うほどです。その中でも特に歴史が古いものがマルセイユ版で、現在出回っている多くのタロットのデザインのもとになっています。マルセイユ版をアレンジして様々なバリエーションのオリジナルタロットが生まれてきました。

ところが、マルセイユ版がタロットの原型かというと、そうではありません。タロットの起源についてはすべてが謎で、いつ、誰が、何の目的で作ったのかは定かではありません。15世紀の北イタリアで製作されたものが現存する最古のタロットであり、中世ヨーロッパのイタリアやフランスを中心にタロットが愛用されていたという事実が確認できるのみです。

ルーツが不明ですから、当然正当なルールブックは存在しません。

つまり、タロットには誰もが従わなければならない絶対的なルールがないのです。一般的に知られている現在の占い方法などのルールは、タロットを占いとして愛用した人々の創意工夫から誕生し、同じようにタロットを愛する人々によって今日に至るまで受け継がれてきたのです。

おそらく、今後も同じように工夫され、さまざまに生まれ変わって進化していくことでしょう。

本書を読み進めていく上で、ルールは未だ進化の途中であり、絶対的なものではない点を心にとめておいてください。

占いの種類と目的

占いとはいったい何でしょうか。

占いとは、意図的にある「場」を作成し、その「場」の中に見出されるストーリーや現象を実際の日常の事象に対応させる作業のことです。

「場」とは、西洋占星術における「チャート」であり、四柱推命の「命式」であり、周易の「卦」です。タロットにおいては、展開されたカードすべてが一つの「場」です。「場」の中で見えた特徴や兆しを占いの質問に対応させ、答えを導き出すのです。

例えば、私は幼い頃、友人とトランプゲームを遊戯しながら同時に占いをしていました。誰が一番に上がるのか、ゲームの流れやスピードはどうかと、ゲームを一つの特殊な「場」と見なして、そこで何が起きるのかを観察していたのです。

ある時、友人が出したファンレターの返信があるかどうかを占うことにしました。ゲームの進行は最初がひどく遅かったのですが、途中からテンポよくゲームが流れてあっさり決着がつきました。

単純な話ですが、「かなり遅れるが、必ず返事が来る」と答え、実際その通りになりました。

この「場」の作成方法の違いが占いの種類の違いといえます。これにより主に占いは概ね4種類に分けることができます。

西洋占星術や四柱推命など生まれた瞬間のデータを基にする「命《めい》」、人相や手相など対象物の外観の様相を基にする「相《そう》」、周易やお御籤《みくじ》など偶然性を基にする「卜《ぼく》」、そして血液型や特定の数字を基にしてカテゴライズする占いの4種類です。

タロット占いは偶然に引いたカードを質問の答えとする占いであり、「卜《ぼく》」と呼ばれる種類に属します。

それぞれの占いには、得意とする分野に違いがあります。「命《めい》」の占いは広い視点から人生全般を占うのが得意ですが、「卜《ぼく》」であるタロットは、短いスパンの具体的な質問を占うことが得意です。

つまり、占いの目的によって占いの種類を使い分けるものなのです。四柱推命で相手の気持ちや失くし物の行方は占えませんが、タロットにはできます。反対に、いつ頃結婚するかとか、いつ頃病気になりやすいかということは四柱推命の方が得意です。もちろん、タロットでできないことはないのですが、得意ではないのです。

ところで、知りたかったことの答えが明白になると人は安心します。例えそれが望まない答え、結果でも、何もわからないでいるよりはずっとしっかりした意識が持てます。誰しも五里霧中で得体のしれない中をさまようことが一番の恐怖であり苦痛なのです。

その恐怖を克服する強力なツールが占いであり、それが占いの目的です。

ですから、単なる好奇心やひやかしが動機の占いは目的に反し、無意味です。

占いは自分と周囲の幸福のために行ってください。

何が占えるのか

タロット占いは、恋愛、仕事、健康など、日常の具体的な質問に対して力を発揮し、驚くほど詳細に鋭く答えてくれます。

しかし、前掲したように、占いは種類によって得意分野が分かれ、タロットは人生を大局的に見た質問には不向きです。

「交際中の相手といつ結婚しますか」という質問は得意でも、「人生の結婚の時期はいつですか」という質問は少し苦手ということです。

完全に苦手と書かないのは、それもタロットで占えるからです。占えますが、タロットが得意とするところでありません。いわば、刺身包丁でリンゴの皮をむくようなもので、ツールと用途がマッチしないのです。

一般的に「タロット占いは数か月先までの事柄しか占えない」と言われているのは、このような理由からです。私もタロットでは1~2年程度先までのことに限定して、それ以上先は「命《めい》」の占いを使います。

ともあれ、得意分野の事柄であればタロット占いの守備範囲は無限で、物質的なことから精神的なことまであらゆることを占えます。恋愛の行方や相手の気持ち、購入物件の良し悪しとそこで起こる怪現象など、内外の問題を問いません。

ただし、相手の気持ちなどの心理を占う場合は、当たり前ですが、心の内を勝手に覗き知ることは不可能というのが前提です。誤解を招きやすいのですが、占いは真実を見通す超能力的なツールではありません。

「卜《ぼく》」の占いが基にする偶然は単なる偶然ではなく、何かしら神秘的な力が作用していると考えて、神や超自然的な存在からのメッセージだと受け取る場合も多く、タロット占いも例外ではありません。タロットカードの神秘的な図柄がインスピレーションを掻き立て、一種のトランス状態にさせて啓示をもたらしたり、内的意識を高めたりする場合もあるようで、カウンセリングやヒーリング、瞑想など、占い以外の場面でも広く利用されていますが、これは占いではありません。

本当に神的な力が作用しているのかもしれませんが、占いにおいてそれは重要ではありません。自分と周囲が幸福に向かうのなら、占いの結果が真実かどうか、神秘的な力が働いているかどうかはどうでもいいことです。

話が逸れましたが、このように何でも占うことができます。現実的なことも非現実的なことも、占いの目的に適っていれば何を占っても自由です。

タロットの種類

タロットカードには多くの種類があり、デザイン性の高いアーティスティックなものや、禅などの哲学や宗教思想を反映したものなど、バリエーションに富んでいます。

中でも最もポピュラーなのは、マルセイユ版とウェイト版（ライダー版）の二つで、両方とも、大アルカナ22枚と小アルカナ56枚の2部構成であり、小アルカナがさらに数札40枚と宮廷《コート》カード16枚に分かれています。

この二つはタロットカードのスタンダードというべき存在で、多くのタロットはこのどちらかを元に制作されていますから、タロットは基本的にはワンセット78枚です。

しかし、中には50枚前後や100枚のものがあり、これらは童話や神話をモチーフにしたオリジナル要素の高いものが多く、構成も一定ではありません。

つまり、タロットは、スタンダードのマルセイユ版系とウェイト版系、そしてそれ以外のオリジナル系の

3種類に分かれているといえます。

マルセイユ版とウェイト版の違い

ゲーム性と占いは密接な関係があります。タロットも元々はカードゲームに使用されており、後に占いとして使われるようになりました。

15世紀に北イタリアで貴族のために製作されたタロットが現存している最古のものですが、16世紀初めにはフランスにも流入し、やがて、当時フランス第一の貿易港でもあったマルセイユにおいて盛んに印刷・生産されるようになります。これが、マルセイユ版の名前の由来です。

マルセイユ版とスタンダードの双璧をなしているウェイト版は、その名の通り、20世紀初頭にイギリスのロンドンでアーサー＝エドワード＝ウェイト氏によって考案され、ライダー社から発売されたものです。ウェイト氏はマルセイユ版を元に、彼が所属していた秘密結社の神秘思想をタロットカードに反映させて、新たなオリジナルバージョンを誕生させました。マルセイユ版よりもずっと近代になって製作されたタロットです。

マルセイユ版とウェイト版にはいくつか相違点があるので、左に示します。

	【マルセイユ版】	【ウェイト版】
図柄	古典的木版画調で限られた彩色	アールヌーヴォー風で色彩豊か
数札	スートのみを装飾模様化	日常の生活風景を描写
順序	正義8番　力11番	正義11番　力8番
制作者による解説書	なし	あり

まず図柄と数札ですが、マルセイユ版は彩色も限定的な古典的な版画調であるのに対して、ウェイト版は優雅なアールヌーヴォー風のイラストで色も豊富です。繊細な線で印刷されているため、図柄の人物の微妙な表情も読み取りやすくなっています。

マルセイユ版の小アルカナの数札には、「スート」と呼ばれる♡♤♧◇のような記号がトランプと同様に1～10個描かれていますが、ウェイト版は日常生活のイラストと共に描かれています。当然、イラストを伴っている方が、カードの意味合いをイメージするのは楽でしょう。

左のカードには、それぞれカップ（聖杯）のスートが描かれています。

聖杯３
マルセイユ版

聖杯３
ウェイト版

次に順序にですが、22枚の大アルカナはナンバリングされていて、各カードの上部にローマ数字でⅠ～XXIまでの番号が記されています。カードの底部にはタイトルが記されています。愚者はナンバリングされてない場合がありますが、Ⅰは魔術師、Ⅱは女司祭……というように、カードのタイトルと順番は両者ともほぼ共通しており、2枚のカードだけが入れ替わっています。

11番　正義
ウェイト版

8番　正義
マルセイユ版

8番　力
ウェイト版

11番　力
マルセイユ版

マルセイユ版では正義は8番、力は11番ですが、ウェイト版は逆になっています。当然ながら、作者のウェイト氏の意図によるもので、ミスではありません。

最後に制作者による解説書ですが、ウェイト版にはありますが、マルセイユ版にはありません。これについては、のちほど解説します。

この違いを、マルセイユ版タロットを購入する際の参考にしてください。78枚であること、数札がスートしか記されていないこと、大アルカナにおいて正義が8番・力が11番であること、この条件を満たしたものがマルセイユ版です。

マルセイユ版の特徴

マルセイユ版の最大の特徴は、作者による正式な解説書というルールブックがないことです。ルールブックがあるならそれに従えばいいので楽かもしれませんが、マルセイユ版は各自が工夫しないといけません。

特に、トランプのようにスートしか描かれていない数札は、ウェイト版と異なり、視覚からではカードの意味がわかりません。

この問題を解決するために、工夫が必要なのです。

自由度が高い分だけ難易度が高いのですが、いくらでも自分仕様にカスタマイズできる可能性もあるわけです。

また、スートのような記号という抽象的なものは、絵図のようにイメージが限定されませんから、カードから感じ取れる意味合いは無限です。

マルセイユ版は、どこまでも自由で、無限の可能性を秘めているタロットデッキです。

第二節　基本用語

大アルカナ

タロットカードの主役ともいえる22枚のカード。占いのテーマにとって重要な事件や変化、インパクトの大きい事象を表し、Ⅰ～XXIの番号が記されています。「愚者」のカードには基本的に番号は記されていませんが、例外的に「0」と記されている場合があります。

10番　運命の輪

上部　ナンバー
中央　女神や天体など神秘的な図柄
下部　タイトル

小アルカナ

タロットカードの名脇役ともいえる56枚のカード。数札40枚と宮廷《コート》カード16枚で構成。日常レベルの細かい事象を表し、大アルカナの意味合いを修飾します。

【スート】

トランプのスートとよく似た記号。棒＝クラブ、金貨＝ダイヤ、剣＝スペード、聖杯＝ハート、に対応するといわれています。本書では四大要素に対応し、棒＝火、金貨＝地、剣＝風、聖杯＝水となっています。

棒

金貨

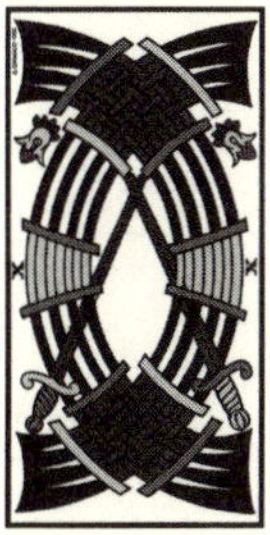
剣

聖杯

【四大要素】

古代西洋哲学において、宇宙世界を構成していると考えられている元素的四つの要素。火地風水の4種で、実際の火炎や風雨ではなく、働きを象徴的に表現したもの。

【数札】
棒・金貨・聖杯・剣の4種のスートと呼ばれる記号的図柄が描かれたカード。

金貨7

上部　なし
中央　1～10個のスートのみの図柄
下部　なし

【宮廷《コート》カード】

スートを手にした人物（王・女王・騎士・従者）が描かれているカード。性別や年齢域、外見、性格など、具体的な人物像を表す。

金貨の王

上部　なし
中央　スートを持った人物
下部　タイトル

その他の用語

【シャフル】

カードの天地をランダムにするために、机上で円を描くようにカードを混ぜること。

【カット】

カードの順序をランダムにするために、トランプのようにカードを切ること。

【パイル】

山札のこと。

【デッキ】

タロットカードのカード1セットのこと。

【正位置と逆位置】

カードの天地の向きのこと。展開したカードの天が上なら正位置で、下なら逆位置。正逆の違いでカードの意味のニュアンスを調整する場合があります。

数札はカードの天地が判別しにくいので、自分で記号を書き込むか、図柄の中に目印を見つけるなどして工夫すると良いでしょう。

よくある質問について

・タロットカードの保管方法や扱い方については、大切なツールとしての常識に従ってください。
・神秘的な雰囲気を好むなら、香を焚いたり、照明を暗くしたりして準備し、そうでないなら、どこでどのように占っても構いません。あまり神経質にならないようにしてください。
・カードの浄化方法も自分で工夫し、浄化すべきか否かについては個人の感覚で判断してください。
・1日に何度占っても構いません。ただし、同じ質問を複数回行うのは、占いの判断に迷いが生じるため、お勧めしません。
・カードを混ぜている時に飛び出したカードに特別な意味を見出すかどうかも個人の判断で。
・他人が自分のタロットを使用しても問題ありません。逆も同様。個人の感覚によります。

第三節　占いの技法

占い方法

占う方法はカードを混ぜて、並べて、読み取るだけのとてもシンプルなものです。スタンダードな方法を紹介します。

1　質問を設定する。
2　展開法を設定する。（スプレッド）
3　カードを切る。（カット）
4　カードを混ぜる。（シャフル）
5　カードをひとまとめにする。
6　カードを展開する。（スプレッド）
7　カードから質問の意味を考える。（リーディング）

詳しく解説しましょう。

【質問を設定する】

占いたいこと、つまり〝何が知りたいのか〟をはっきりさせます。質問の内容は具体的にしてください。占いの精度と質を決定づける重要なことです。

例えば、「恋愛運は？」という質問はせず、「相手は自分をどう思っているか」とか、「3か月以内に新しい恋に出会えるか」など、恋愛の何について知りたいのかを考えます。

【スプレッドを決める】

カードの並べ方のことを展開法、またはスプレッドと呼びます。

質問に対して何枚のカードを使用するか、どのような形に並べるかを決めます。

一般的に知られているスプレッドはたくさんありますが、すべて自分が使いやすいように工夫して構いません。縦・横・斜め、十字形、四角……など、展開の形や並べる順序は自由です。

ひとつの質問に1枚で占ってもいいし、2～3枚をワンセットとして占っても構いません。

後述のサンプルリーディングを参考にしてください。

【カードを切る】

トランプを切るように、カードの順番をランダムにします。これをカットといい、表面を伏せたまま行うのが一般的です。図柄が描かれている面が表、全札同じ柄模様になっている方が裏です。カットは好きなタイミングで止めてください。

【シャフルする】

机上で円を描くように混ぜてカードの天地をランダムにします。これをシャフルといいます。

【カードをまとめる】

混ぜたカードを横向きにしてひとまとめにします。カードの左右どちらかの辺をカードの天と決め、天が上になるようにカードを縦向きにします。まとめたカードをさらに三つの山に分けてから再びまとめ直す場合もあり、決まった方法はありません。

【カードを展開する】

最初に決めたスプレッド（展開法）に従ってカードを並べます。一般的には表を伏せたままですが、決まりはありません。カードの天地が逆にならないように気をつけながら、扉を開くようにカードをめくって表にします。

【リーディングする】

展開されたカードからイメージを膨らませて質問の答えを考えることをリーディング（読み取る）と呼びます。占いの本領が発揮される場面です。

リーディングについて

リーディングとは、カードの図柄や意味から得たイメージを、占いの質問の答えに相応しいように解釈して、質問の意味を読み解くことです。

例えば、タロットではありませんが、真っ赤な一輪の薔薇が描かれているカードがあるとしましょう。そのカードには「薔薇」というタイトルと「情熱」というキーワードが与えられているとします。異性の気持ちを占うなら、「薔薇」「情熱」という図柄とキーワードからイメージして、情熱的に愛しているとか、棘があって近寄りがたく感じているとか、プロポーズする時の定番の花束のイメージから結婚を望んでいるとかいうように、イメージを質問の答えにマッチするように対応させるのです。

タロットカードにもタイトルと図柄とキーワードがあり、同じようにカードから答えを読み解きます。これがリーディングです。

タイトルとキーワードは図柄の代表的なイメージを言葉にしたものですから、タロット占いで最も重要なのはイメージということになります。

イメージと質問の対応

せっかくイメージが浮かんでも、質問にふさわしく対応させないと占いとして成立しません。例えば先ほどの「薔薇」から情熱的な愛をイメージしても、仕事の質問だとしたらどうでしょう。情熱的な愛のイメージを仕事に対応させなければなりません。「仕事に情熱を燃やすようになる」とイメージを拡大させて判断します。金運ならどうでしょう。赤い色を赤字のイメージに対応させればいいのです。

こんな風に、最初のイメージが質問にふさわしくない場合がありますが、その際はイメージを拡大させてください。どのようにイメージを対応させるかは自由です。正解はありません。この仕事と金運の判断もあくまで一つの例であり、別のイメージを対応させても構いません。

正解がないことに不安をもたなくても大丈夫です。自然と質問に最もふさわしい答えを選べるもので、それがタロット占いの不思議かもしれません。

イメージの流動性

図柄から触発されるイメージは人によって異なり、その時々でも違ってきます。流動的で固定できません。カードの意味が解説書によって微妙に異なっていることに疑問を持つ人が多いようですが、それはこのような理由からです。解説書の著者が、過去の書籍などを参考にしつつも、独自の視点からイメージを加えているのです。

タロットが占いとして成立した時点でカードの意味が与えられたわけですが、何もない状態から意味を創作したのかもしれませんし、既にそれ以前からカード占いをする人々の間で自然発生的に共通認識されていた意味を取り入れたのかもしれません。どちらにせよ、ある時点でカードの意味が発生・創作され、後の人々のアイデアによる改変を繰り返しながら現在に引き継がれてきたわけです。

例えば、タロットの「月」のカードには闇夜に浮かぶ月が描かれています。一般的にこのカードには幻想や不安というキーワードが与えられていますが、こだわる必要はありません。自分のイメージを優先して良いのです。

18番　月

占いの質問や質問者の背景のパターンは無限で、固定化されたイメージでは対応しきれません。ですから、カードの意味を丸暗記せず、イメージ方法を本書で学んでください。

独自のルールと意味を創造

実際に占いを経験すると実感できることですが、偶然性を用いた占いはなかなか教科書通りに答えは出ないものです。東洋の周易、断易、西洋のホラリー占星術などすべてそうです。占う経験を重ねていくうちに独自の法則《ルール》というものを発見します。その法則が見つかるまでの間だけ、解説書を頼りにするのです。

現代の私たちも過去の諸賢にならって、蓄積された資料を参考にしながら、自らの発想とイメージでカードの意味を創造していくべきでしょう。解説を丸暗記するのは他人のコピーでしかありません。

次章では、カードの意味を創造するヒントを紹介します。

第二章　象意

第一節　象意とは

タロットカードの意味やニュアンスのことを本書では「象意」と呼ぶことにします。例えば、薔薇のイメージは美しさや華やかさであり、これが象意になります。

象意とは文字通り、象（すがた）が意味するものであり、その意味は複数存在します。例えば「月」のカードの象意のひとつは「不安」ですが、強く激しい不安や漠然とした不安など様々なニュアンスを含み、他にも「夜」「前が見えにくい」などがあり、これらすべてが象意になります。

そして、象意は占うテーマに応じて変化します。

第二節　象徴と象意

「象徴」とは、抽象的なものを具体的な何かで表現することです。例えば、「平和の象徴」と言えば「鳩」ですが、これは平和という抽象的なことを鳩で表しています。

そして「象意」とは、象徴で表現される抽象的な何かです。平和の象徴が鳩であり、鳩が表す抽象的な事柄である平和が象意になります。つまり、鳩の象意は平和ということになるのです。

また、伝書鳩のイメージから鳩を通信の象徴とするなら、鳩の象意は通信にもなります。平和の象徴は「花」が相応しいと思う人もいるかもしれません。同様に、タロットカードの図柄に対するイメージや感じ方は人によって異なりますから、カードの図柄が何を象徴して、何を象意とするのかは個人の自由です。

タロットカードの小アルカナの「剣」というスートを例にとってみましょう。剣からどんなことが思い浮かぶでしょうか。剣は戦闘に使用するものなので、生死をかけた戦い、勝敗、緊迫感……等々イメージできます。剣が象徴するのは、戦い・勝負・緊迫感などであり、これらが象意になります。「13番（死神）」のカードの象意は死だけでなく、死神が象徴するものすべてなのです。

このように、タロットのカードの図柄そのものがカードの意味なのではなく、図柄が象徴するものがカードの意味であり、象意なのです。

第三節　象意の応用

タロット占いを何年学習しても使いこなせないという方が多いようですが、それは、象意を質問に応じて変化させずに、そのまま答えに当てはめようとするからです。

例えば、健康のことを占って「13番（死神）」のカードが出たとして、「死」という象意を愚直に当てはめたのではたまったものではありません。「死神」の象意は他に再生・始まりと終わり・新陳代謝など複数あり、悪い病気が消え去るという答えになる場合もあります。

象意は質問に合わせて応用してください。

第四節　象意の創造

基本編

一般的な象意と自分のイメージが合わない場合があります。また、象意の幅が狭いと限られた答えしか思い浮かびませんから、自分で象意を創造して膨らませることが大切です。

以下は象意の導き出し方ですが、基本的に四つの要素のどれか一つ、または二つ以上を組み合わせてください。

①図柄のイメージを使う

図柄からの直感的なイメージをヒントにします。悪魔が描かれていれば「恐怖」「悪」など。

②数字の象意を使う

1は「始まり」「未熟」、10は「完成」など、数字にも象意があります。10以上の数字は基本的に一桁の数字と同じ象意になります。例えば、14は4の象意を持ちます（後述）。

③スートの象意を使う

小アルカナの聖杯・剣・棒・金貨の四つスートには、それぞれ象意があります（後述）。

④全体の体系的な位置づけから

78枚の中でカードがどの位置関係にあるかがヒントになります（後述）。大アルカナ14番の「節制」は、「13番（死神）」の次に位置し、「死後の魂を天界に導く」という象意があります。

次章のカード解説では、著者が採用している象意の一端を載せていますが、これを基にアレンジしてください。

大アルカナ編

右の①、②、④のすべて、もしくはいずれかをミックスさせて象意を導き出します。

例としてすべてをミックスさせて象意を創造してみましょう。

大アルカナの17番目の「星」には、満天の星空の下で裸の女性が川で沐浴している様子が描かれ、解放感や夜空の美しさがイメージできます。

17番は数字7の象意を持ちます。「進む」「欲」「混沌から抜け出す」などです。

位置関係は、精神的な側面を強く表します（詳細は後述）。

これらを一つにまとめると、「何の束縛もなく、ただ思うままにしようとする様子や気持ち」などとイメージできます。

17番　星

図柄の象意
＋
7数の象意
＋
全体中の位置関係の意味
＝
「星」の象意

小アルカナ編

小アルカナは基本的に②数字と③スートの組み合わせで、例えば数札の「剣7」なら、スートの「剣」と数字の「7」の象意を重ねます。

剣の「困難」「戦い」と数字7の「進む」「欲」「混沌から抜け出す」という象意をかけ合わせて、「混沌から抜け出そうと奮闘」とか、「欲望による闘い」など、自由な発想で新たな象意を創造します。

剣７

７数の象意

＋

スート「剣」
の象意

＝

「剣７」
の象意

宮廷《コート》カードの「剣の騎士」は①と③、図柄「騎士」とスート「剣」のイメージの組み合わせで、剣の「困難」「闘い」と騎士の「若者」から、「負けず嫌いな若者」となります。

剣の騎士

「騎士」の象意

＋

スート「剣」
の象意

＝

「剣の騎士」
の象意

そのカードに最もふさわしい象意だと思えば、それでいいのです。

第五節　象意の発展方法

不確定なことや結果がすぐにわからない質問を避け、身近な事柄を占うことがタロット占いの上達の近道です。

占った時のカードが日常の何を示していたのかを振り返り、象意と事柄を関連づける習慣をつけてください。そこでわかったことは、あなただけの大切なデータとなり、次回以降の占いに必ず役立ちます。

また、物をカードで表してみるという方法もあります。物が持つイメージとカードの象意を対応させるのです。例えば、「部屋の観葉植物はどんなカードが示すのだろうか」と質問して、「金貨A」が出たら、観葉植物の様子や状態に当てはまる象意を対応させるのです。

苗木のように小さかったら、「A（エース）」の「小さい」という象意が当てはまり、鉢の土と金貨の要素の「土」の象意が対応します。

次回の占いで「金貨A」が出たら、その小さな苗木を思いだして、そこから新たに象意を作りだして応用するのです。例えば、恋愛の行方を占ったら「ゆっくりと進展していくが、ケアをしないとダメになる」と苗木の今後と重ねるのです。

事象や物とカードの象意を対応させ、カードが何を表そうとしているのかを感覚的につかんで象意を発展させましょう。

第六節　数字の象意

本書では、78枚のカードを、1～10の数字ごとのカテゴリーに分類しています。

1魔術師／11力／数札1（剣A・棒A・聖杯A・金貨A）は、「始まり」「無形」「唯一無二」など数字1の象意で共通していて、関連性のある一つのグループとします。グループ内のカードの象意が全く同じというわけではありません。1の象意で括られた特別な仲間同士だと思ってください。

分類すると表のようになります。

「世界」と「愚者」はカテゴリー外の特別なカードです。

グループ	タイトル	数字の象意（代表例）
1	Ⅰ 魔術師　　Ⅺ 力 数札Ａ	始まり　唯一無二　無形
2	Ⅱ 女司祭　　Ⅻ 吊るし人 数札２	対局する二つ　影　狭間
3	Ⅲ 女帝　　XⅢ 13番（死神） 数札３	生産　繁栄
4	Ⅳ 皇帝　　XⅣ 節制 数札４	安定　具現化
5	Ⅴ 法王　　XⅤ 悪魔 数札５	変化　不安定
6	Ⅵ 恋人たち　XⅥ 塔 数札６	環境　自然
7	Ⅶ 戦車　　XⅦ 星 数札７	欲　前進　向上
8	Ⅷ 正義　　XⅧ 月 数札８	壁　強固　遠い
9	Ⅸ 隠者　　XⅨ 太陽 数札９	最高位　個人の完成
10	Ⅹ 運命の輪　XX 審判 数札１０	全体的完成 新しい始まり
0/21	愚者　　XXI 世界	虚と実　有と無

では、数の象意を紹介しましょう。

【1】

数を1から数え始めるように、1はすべての始まりを表します。2は1＋1、3は1＋1＋1または1＋2……と、どの数にも入り込み、すべての数は1の集合体であることから、1は基礎となる最小単位の数です。

無から有が生まれる状態であり、強大なエネルギーや力を表します。誕生を表すことから、生命力に溢れ、穢れのない純粋な存在を意味しますが、同時に成長の初期段階であるので未熟さや未発達も意味します。

「ひとつのもの」「ひとりで」という表現にあるように、それ以外は何もない様子や、「ひとつになる」という表現のように複数のものが合体したり、大きな集合体になったりする様子も意味します。

桁が繰り上がった10とイコールに考え、一つの成長サイクルを完了して次のレベルにシフトし、新たに成長を始めるのがもう一つの1数の姿です。

1数は最小であると同時に最大でもあり、始まりであると同時に終わりでもあるのです。

「1」の象意

始まり・源・誕生・発端・強大なエネルギー・元気・未熟・唯一無二・シンプル・集合体など

【2】

1＋1のように、1が自らをコピーして、同レベルの相反するものを生みだす様子や、互いに対立して存在する状態が2数です。

1が光なら2は影。明暗、陰陽、男女、高低、左右、内外、寒冷など、対極にあって取って代わるものがないもの同士が、一対で存在している状態です。

鏡の中の映像のように互いに作用や干渉できない静的状態を意味します。また、片方がなくなればもう片方もなくなるので、何かに依らないと存在できない儚さも意味します。

決して離れないもの同士ということから密接という象意があり、同時に一つの物が二つに分かれている様子から分離という象意もあります。

また、1を光（陽）とし、2を闇（陰）と考え、2には隠れるとか、消えてなくなるという象意もあります。

2数が示すように物事にはすべて表裏・陰陽があり、同じ数字でも肯定的な面と否定的な面の二つの意味があります。

「2」の象意

密接・分離・儚さ・対照・相対・極端・均衡・静止・実体がない・影など

【3】

1数を能動の原理、2数を受動の原理とすると、3数は受動と能動の作用から創造が始まることを表します。男女から子供が誕生するように、真逆の性質のもの同士が関わることで状態に変化が生じ、創造が始まることを意味するのです。

東洋的に例えれば、陽と陰が混じりあっての天地創成です。

ところで、3以上のすべての整数は不等分に分けられるのですが、1は分割不能で、2は等分にしか分割できません。

また、多角形は3辺3角以上から成っていて、2辺2角以下の図形は存在しませんから、1と2は目に見えないもので、3以上の数は目に見えるものです。

同時に、多角形は円に向かって四角形五角形と無限に図形を生成することから、3は拡大と産出を意味します。

ただし、3数は創造を表していても、完成は表しません。創造によって、完成に向かって変化している状態を意味し、つまりは成長を意味します。

「3」の象意

生産・繁殖・繁栄・発展・成長・豊かさなど

【4】

変化生成による創造が完成を迎えた状態が4数です。激しい変化を終えて形となって具現化し、安定します。

また、東西南北の四方位、宇宙を構成する基本要素と考えられた火地風水の四大要素など、4数は空間と実体のある世界を表します。家庭やベース（基礎）、エリアも表します。

安定感のある四角形は建築物の基本形になっていますが、安定している分、四数は動きにくいとか、限定されているということも意味します。

「4」の象意

基礎・安定・安心・完成・具現化・不動・限定など

【5】

世界は常に静と動が繰り返し、能動と受動の原理が交錯しているので、安定のあとには変動が訪れます。安定し切った状態にいると、窮屈に感じて自由と刺激を求めるものですから、5数には、安定を捨てて変化を求め動き出すという意味があります。

どんな変化にも必ず終着点があります。どんなに自由を求めても、人生という有限の時間の中から抜け出すことはできません。故に、従属という意味もあります。

手足の5本指が5数の意味合いをよく表していて、各指は一本一本が自由に動かせるものの、手部から外れては機能しません。

限られた範囲の中でのみ自由な5本指と、それを束ねる手部から、従属と統括・支配という意味もあります。

また、1〜10の中央の数なので、中央とか中間点を表します。

「5」の象意

変化を求める・不安定・限定された範囲内での自由・統括・支配・従属など

【6】

大哲学者ピタゴラスは、6を最小の「完全数」としました。完全数とは、その数の約数の総和がその数自身と等しくなる数をいいます。つまり、6の約数は1、2、3で、この総和は6になります。

それ自身の外見と中身に過不足がないことから完全調和、調和美という意味が出てきます。

また、3×2ということから、変化（3数）と変化（3数）が対立（2数）する様子を表します。変化が変化を呼ぶので、混沌や混乱という意味にもなります。

六芒星は、下方・収縮に向かう変化と、上方・拡大に向かう変化の対立を表しています。上向きの三角形は火と生を示し、逆三角形は水と死を示しています。ふたつが重なって調和している世界観を表しているのです。

6数は、予想不能な変化が入り乱れつつも、調和と均衡を保っている状態を表しているのであり、つまりは自然界を示しています。

また、自然と環境を表し、人の力が及ばないことを意味します。環境によって自らが左右される様から、迷う、流転する、めぐるという意味も出てきます。

「6」の象意

調和・バランス・美・混乱・環境・自然・迷う・流転など

【7】

7数の主たる意味は欲です。人は自然の壮大さや神秘を目の当たりにして、その裏に潜む真理を知ろうと欲します。自然に振り回されることなく、むしろ自然を利用し、都合の良いようにコントロールしようとするのです。過去の偉大な賢者達は、知恵をもって自然を味方につけていました。

より高等を目指したいという欲望を意味する数字です。

自然の中を無力にさまようことを止めて、そこから抜け出す様子が7数の意味です。ある意味で、それはひとつの勝利です。

「7」の象意

欲・向上心・向上・前進・決心・知恵・コントロール・勝利など

【8】

真理を追究すれば、広大で玄妙な自然宇宙の理を前に自分の矮小さを感じざるを得ません。答えを追求すれば、多くの疑問と試練の壁が眼前に現れます。

求め続けた答えは、知ってしまえば実にシンプルなものなのですが、それに至るまでには厳しい路程を踏まなければなりません。どんなに遠く歩いても光が見えず、眼前の道をひたすら歩むより他に術はなく、終わりが見えません。戻ることもできません。もし引き返せたとしても、達成（9数）に至れないわけですから、挫折です。時間は前へ進むのが原理ですから、たとえ7数に戻ったとしても、再び8数の状態を迎えるようになります。

また、試練に足を踏み入れるには覚悟が要ります。その瞬間、現在の立ち位置と今後の過程との間に明確な境界ができるので、8数には境界線や入口、門という象意があります。

4数の象意は安定や固さですが、8数は4＋4ということで二重の安定と固さになります。強固で、微動だにしないことを表します。

しかし、まったく動かないわけではありません。限られた範囲内においては通常通り動くのですが、マクロ的視点から見れば、その動きはないに等しいほど小さいものです。人間にとっての1キロメートルを蟻が歩むようなもので、蟻にしてみれば普通に進んでいるように感じても、人間からすれば止まっているに等しいのです。

そこから、同じ状態が長く続くとか、動いていないのと同じ状態という意味が出てきます。

「8」の象意

広大深遠・膨大・長い路程・試練・困難・強固・同じことの繰り返し・積み重ね・門など

【9】

終わりが見えないくらいに遠く厳しい路程を経て、やっと答えを見つけた状態が9数の意味するところです。過酷な旅で多くの経験と知恵を得て真実を知り、目的を果たした状態です。

1桁の数字の最高位でもあり、最上位に立つ数ですから、これ以上前にも上にも進むことはできません。しかし、すべては止まることなく変化し続けることが自然宇宙の原理、前進が時間の原理ですから、さらなる高みを望まずにはいられません。後退すれば、再び8数の困難と苦痛が待っています。変化成長を続けるためには、限界を超えねばなりません。限界を超えるために、知恵を絞って考え抜きます。いままでのやり方は通用しませんから、常識を超えた奇抜さが必要です。限界を超えたなら、より高位のレベルで生まれ変わることができるのです。

身近に例えれば、最強のチャンピオンがさらに強くなろうとして、己と闘っているイメージに重なります。

「9」の象意

最高・完成（個人的）・到達・達成・行き詰まり・限界点・限界を超える・奇抜・複雑など

【10】

10数は新しいレベルでのスタートを意味します。

限りある個人の生命を次世代につなぐことで種族の長大な存続を得るように、次のレベルに移ることで、より高次の完成を得ることを意味します。

個を超えた数ですので、全体性や公的なことを表し、非常に規模の大きいことや大きな単位も意味します。

また、10は桁が繰り上がった1とも考えて、完成した後の新たな始まりを意味します。

「10」数の象意

全体・大規模・完成（全体的）・より大きい単位・公的など

【0】

ここで扱う0は、有に対する相対的な無ではなく、すべての肯定と否定が入り混じった混沌です。プラスにもマイナスにもなれるし、AにもBにもなれるのに、未だ存在を決定づけていない状態を表します。

ゼロの概念を持っていた古代マヤ文明では、閉じた貝殻で0を表記したそうですが、閉ざされた空間を内包する殻の中に、すべてが存在していると考えたのかもしれません。殻の中は空かもしれませんし、何かが入っているかもしれません。殻を開くまでは、誰にもわからないのです。

0は万物が生み出される前の虚ろで混沌とした根源のようなものです。

「0」の象意

混沌・未知数・誕生以前・不可知など

第七節　数の流れ

十進法では、1～10、11～20、21～30……というように、桁数を上げながら始まりと終わりを無限に繰り返します。

また、1数を突発的なエネルギーとし、2数がそれを受けるものとすれば、3数は1と2が合体して特定の方向に動き出す状態や、生産物として最初に形となって現れたものであり、4数はそれがさらに具体化したものと考えます。

1数は無から初めて出現した強力な光のエネルギーですが、生存期間は〝一瞬〟で、エネルギーを受けるものがなければ、消え去ってしまうものです。2数は、ただ静かに1を受けるだけです。1数を光・陽とすれば影・陰です。

日常に例えれば、詩を書こうと思い立つ瞬間が1数。

体やノート、鉛筆……これが2数。

鉛筆やノートを使って詩を書き留める行為……これが3数。

出来上がった詩……これが4数。

無形のエネルギーが1数、その受け皿となるものが2数。エネルギーが受け皿を介して変化生成し動く様子が3数で、結果が4数。

そして、詩を書きたいと思いつく以前……これが0。詩を書こうと思うまでに何もなかったわけではなく、特別にあったわけでもない。そんな状態です。

詩を書き終わっても満足せず、チャレンジ精神が高まるのが5数。

表現方法を工夫して、もっとも美しくしようと、迷い、考え、調整する……これが6数。

さらに素晴らしい詩を求めて欲が出る……これが7数。

しかし、思い通りにいかない状態に悩み、苦しみ、それでも理想を目指して努力を続ける状態……これが8数。

努力の末、ようやく理想的な作品が完成し、目的を遂げた状態……これが9数。

そして、今までの自分を振り返り、また新たに挑戦を始める状態……これが10数。

ひとつの成長過程という区切りでは、1～9で1サイクルです。10数はそれまでとは別次元の新たな次の段階を迎えている状態です。学生から社会人になる時期のようなものです。

1～9→1(10)～9(19)→1(20)～9(29)……無限に続く成長のらせん階段。繰り返しながら、永遠に続いていきます。

終わりのない輪廻転生に似ていますが、これは一種の苦痛に他なりません。

愚者(0)は、このサイクルを捨て去った自由な魂です。

そして、彼は宇宙の〝ゆらぎ〟なのです。

この数の流れを応用して、カードの象意を創造してください。

第八節　成長の４段階

成長は４段階で完成します。

真の完成を表す10数は、10＝１＋２＋３＋４で構成されていると考えられるからです。

哲学者ピタゴラスが神聖視したテトラクテュスという図形がそれを示しています。

この正三角形の中の●は上段から下段に向かって１＋２＋３＋４となり、４階層で10個です。

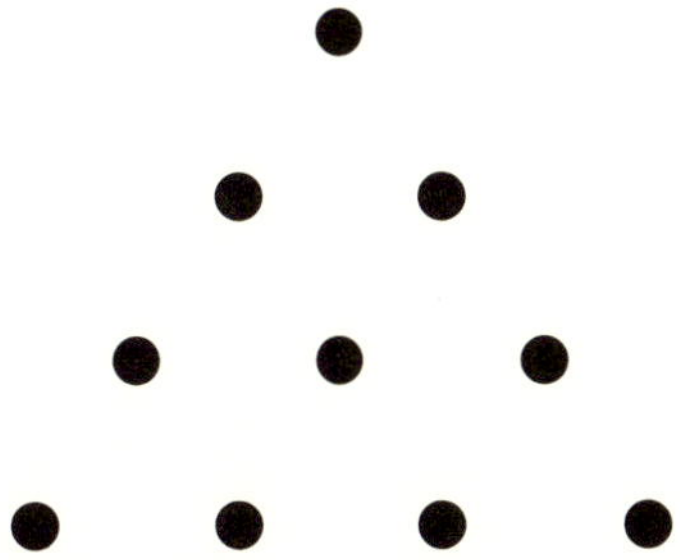

テトラクテュス

数の象意のところで、創造は1数の能動原理が2数の受動原理に作用し、3数で視覚化できるレベルの変化生成を起こし、4数で完成すると説明しました。

これは、タロットリーディングする上での大きなヒントになり、本書ではこの考え方を小アルカナの宮廷《コート》カードにも応用しているので覚えておいてください。

第九節　数だけで占う

数の象意だけで占うことも可能です。図柄からイメージが湧かない時は、数だけで判断しても構いません。例えば、「来週のパーティーは盛況か？」と質問して、3数のカテゴリーのカード（女帝／13番／数札の3）が出たら大いに賑わうと判断し、2数のカテゴリーのカード（女司祭／吊るし人／数札の2）なら中止になるとか、全く盛り上がらないと判断します。

では、「恋愛の現状は？」という質問に1数のカード（魔術師／力／数札のA）が出たらどうでしょう。数字だけで判断するのです。

1数は少し難しいのですが、誕生や始まりであり、まとまりであり、桁が繰り上がった10数とイコールなので（10＝1）、恋が始まったばかりか、または、結婚などの新たな局面を迎えていることを表します。

第十節　タロットの世界観

神話　～ギルガメシュ叙事詩～

カードの意味、つまり象意は覚えるものではなく個人が創造していくものです。私は、哲学書や神話を参考にしましたが、特にギルガメシュ叙事詩から強いインスピレーションを受けました。まえがきにも書きましたが、偶然に出会ったこの文学作品の中の数々のシーンがマルセイユ版タロットの図柄と重なって見え、イメージが湧きました。

ギルガメシュ叙事詩は、永遠の生命の探求がテーマの古代の文学作品です。簡単にストーリーをご紹介しましょう。

古代メソポタミアの都市ウルクには、三分の二が神で三分の一が人間の、ギルガメシュという名の王がいました。あまりに強く、傍若無人な暴君でした。

ある時、街の人々は神々に何とかしてほしいと願います。神は、王と互角の力を持つ人間を土から作り、王を制しようと試みます。その男はエンキドゥといい、作られたばかりの頃は野人でしたが、宮仕えの遊び女と交わることで人間となり、ギルガメシュと格闘します。ふたりの闘いに決着はつきませんでしたが、互いを認め合って無二の親友になります。その後、王は親友と遠征に赴き、ふたりで恐ろしい杉の森の番人を倒します。王の雄姿に魅了された愛と快楽の女神イシュタルが王を誘惑しますが、王はひどい侮辱で拒絶します。怒り狂った女神は天の牛を放って仕返しを試みますが、王とエンキドゥは再び力を合わせて打ち勝ちます。

しかし、森の番人と天の牛を殺した罰として、神々はエンキドゥに死を宣告します。友の死を目の当たりにして、自分も死ぬ定めだと知って恐ろしくなった王は、不死を得たただ一人の王、ウトナピシュティムを訪ねる旅に出ます。

蠍《さそり》人間が麓を守る双子山の暗闇に包まれた山道をさまよいながら山を越え、船頭ウルシャナビに導かれて死の海を渡り、ウトナピシュティムに出会います。

ところが、ウトナピシュティムから「自分の不死は神が決めたことで、秘法を知っているのではない。」と告げられ、悲嘆にくれます。

しかし、それを哀れに思った彼の妻の力添えもあり、若返りの草の存在を教えられます。ギルガメシュはそれを手に入れて帰途につきますが、途中、水浴びをしている間に蛇に草を取られ、失意のまま故郷に戻ります。

ギルガメシュとエンキドゥ、双子山、蠍《さそり》人間、あの世の川の渡守、水辺でエンキドゥを誘う宮廷の遊び女など、ストーリーの中にはタロットの図柄を思わせるようなシーンが出てきます。

自分でも、いささかこじつけているかのような感覚はありますが、しかし、タロットの世界観を創造するための大きなヒントになったのです。

輪廻転生と二元論

さて、ここでテーマになっているのは永遠の生命の探求です。

永遠の生命というと、死を迎えずに存在し続けるという意味と、親から子へと形を変えて継承していくという意味があります。

どんな生命もやがて死を迎えますが、果たして、そこですべてが無に帰するのでしょうか。この根本的な問いに対して、「輪廻転生」という思想が古代に出現し、現在に受け継がれています。輪廻転生説は、死によって消滅するのは肉体であって、魂は再び新しい肉体を得て次の生を生きるという思想です。ここでは、生命体は霊・精神的部分と肉・物的部分に分かれているとする二元論という考え方が土台になっています。

そして、そもそも生命や世界を構成する万物はどこから誕生したのかという問いも古代に提起され、その答えとしてさまざまな思想が生まれました。

そのうちの一つに、流出論（説）があります。森羅万象は「超根源的な一者」から流出して成立しているというのです。簡単なイメージに落とせば、この世のものはすべて「ひとつのもの」から流れ出すように生まれた、ということです。

神的存在であり、真理であり、完全で唯一の「一者」から万物が流出してこの宇宙が形成されました。流出した個々の事物は「一者」から分かれ出た部分的なものであり、完全な「一者」に対して不完全なものです。個々の事物は、人が人であり、水が水であるというようにそれぞれの〝位相〟に存在し、それぞれの役割を担っていて、相互間に作用しあって存在しています。

かなり力技で要約すると、このような考え方です。

もっとわかりやすく表現すれば、すべては「ひとつのもの」から流れ出たもの。「ひとつのもの」は完璧で、この世のものはすべてここから流れ出た部分的なものでしかない。だから、不完全で欠点だらけ。それでも、それぞれがそれぞれの役割を持って、お互いに関わり合いながら存在している、ということです。

この考え方からインスピレーションを受けて、タロットを図1のように構成したのです。

すべての源を「世界」とし、「魔術師」から「審判」までを流出した事物とします。

ゆえに、「世界」は絶対完全の一者ということです。神的存在です。

図1

タロットの世界観

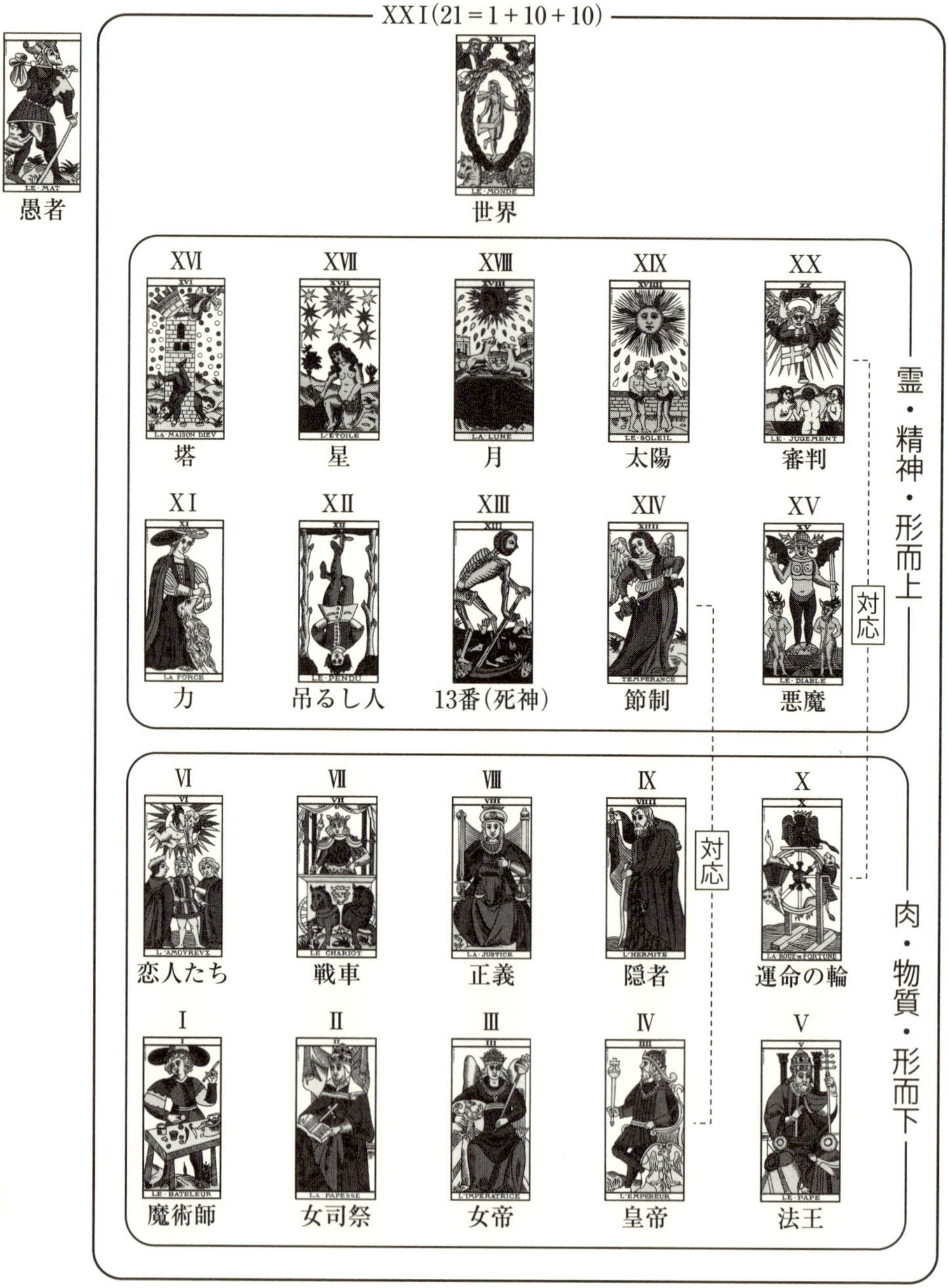
XXI(21＝1＋10＋10)
愚者
世界
XVI 塔
XVII 星
XVIII 月
XIX 太陽
XX 審判
XI 力
XII 吊るし人
XIII 13番(死神)
XIV 節制
XV 悪魔
霊・精神・形而上
対応
VI 恋人たち
VII 戦車
VIII 正義
IX 隠者
X 運命の輪
I 魔術師
II 女司祭
III 女帝
IV 皇帝
V 法王
対応
肉・物質・形而下

そして、「魔術師」から「運命の輪」までのⅠ～Ⅹを物質界・形而下の世界とし、「力」から「審判」までのⅪ～ⅩⅩを霊界・形而上の世界とします。ミクロコスモス・マクロコスモス的視点から、人間の肉体がⅠ～Ⅹ、精神がⅪ～ⅩⅩに相当するとします。

ところで、私はこの世界観を占いに応用しています。たとえば、4数のカテゴリーの大アルカナの「皇帝」と「節制」の共通の象意は安定です。同じ安定でも、「皇帝」は目に見える部分での安定、つまり物質的な安定で、「節制」は目に見えない部分での安定、つまり精神的な安定を表すのです。

たとえば、「転職先は良い職場ですか?」という質問に「皇帝」が出たら条件や環境面で満足度が高く、「節制」なら仮に条件が悪くても幸せを感じ、精神的満足度が高いことを表すのです。

さて、世界観に話を戻しましょう。

事物は生成と消滅を繰り返します。この消滅は腐敗や死ではなく、上のレベルへの昇華に他なりません。一粒の種子が発芽して成長し、成木になって再び種子を残して寿命を全うします。視点を変えれば、種子に還って新たな生を得るのです。

同様に、1数と2数が合体して3数の生成変化をし、4数でひとまずの変化を終えて完成する流れは樹木の成長に当てはまります。9数は寿命を迎える寸前の状態です。これ以上成長も変化もできませんが、個を捨て、全体の種族に身を委ねることで新たな命を得て、再び生きるのです。これが10数の状態です。そして、10数は1数でもあります。

今度は輪廻転生という視点から見てみましょう。子宮で受精卵が分割を始める様子は3数です。能動と受動の働きだけを考えれば、精子と卵子の合体は1数と2数のイメージなのですが、そうでなく、この二つの数字は生成を引き起こすエネルギーのようなものです。

ですから、「Ⅲ（3）女帝」の象意は生命の誕生なのです。物質や肉体レベルの変化生成そのものを表します。〝動き〟を表すのです。

「13番（死神）」は、霊や精神レベルの変化生成ですから、死を通過して新たな成長に向かいます。俗な表現をすれば、死後の世界とでも申しましょうか。

3数で活発に変化し、4数で新生児が完成します。5数で子宮外へ出て、紆余曲折しながら6数～9数へと成長していき、最晩年の9数に達します。だから「Ⅸ（9）隠者」には老人が描かれているのかもしれません。次のレベル、つまり、死後の世界に向かって、新たな活動が始まるのが10数です。「XI（11）力」は形而上の世界のカードで、肉より霊が勝《まさ》っていることを表します。よく、病で死を目前にした人が特別な力を示して、まわりを驚愕させるようなものです。

「XII（12）吊るし人」には、左右の木の間で吊るされて身動きできない人物が描かれていますが、死後の世界と現実世界の狭間、あの世とこの世の狭間にいるのです。混沌とした意識状態です。

そして「XIII（13）13番」の死が訪れて魂が肉体から離れます。この過程は形而上の世界での生成変化です。死に際しても、誕生時と同じようなとても大きな変化があるのかもしれません。

「XIV（14）節制」で魂は、死の変化を終えて霊的に再誕生し、守護する霊によって天上の世界に導かれていきます。天使が手にする瓶の水が一方から他方へ流れる様子がその象徴です。

「XV（15）悪魔」は、肉体への執着や肉体が持つ欲望です。死してなお、いや、死んだからこそなお一層、肉体の記憶を手放せないのかもしれません。

「XVI（16）塔」は、その執着から完全に解放されることを表します。執着していたものから切り離されるので、非常な苦痛をともないます。カードの中の雷は天からの強烈な光であり、その光のパワーによって肉体への執着が断たれます。

「XVII（17）星」は、解放された魂です。三途の川やレテの川（泉）のように、川を通過して生前の記憶や穢れをすべてなくすのです。すでに導き手の姿は消えていて、ここから先は独りで進まねばなりません。

「XVIII（18）月」は、冥界への門です。月の裏側が地上からは決して見えないように、門の先に何が待ち受けているのか全くわかりません。果てしない暗闇が続くのみです。しかし、後戻りはできません。門をくぐって、漆黒に身を投じて前進するしかないのです。

「XIX（19）太陽」は、魂が来るべき場所にたどり着いたことを表します。成長という言葉が完成と完全に至るまでのプロセスを意味するのなら、未完成なものが欠けを補っていくプロセスであるとも言えます。カードの中の双子のような人物は、完全なものが分かれて二つになった象徴で、今ここで寄り添い、再び一つになりました。つまり、補完の象徴でもあります。魂の帰結は「一者」に還ることなのです。

「XX（20）審判」で、「X（10）運命の輪」と同様に次のレベルに進むのですが、補完が完了して完全になった魂は「一者」に還り、そうでない魂は現実の世界に再び生まれます。輪廻転生です。

「XXI（21）世界」は、10（I〜Xの世界）と10（XI〜XXの世界）を統べるI（一者）です。

「(0)愚者」は、どこにも属しません。輪廻転生から解脱した魂かもしれません。そうではなく、一者を超越した何かかもしれません。全く不明です。不明……それが「愚者」のカードの象徴です。

カードの象徴を創造するためにこの世界観をお話ししたのですが、もう一つの目的として、カードはそれぞれ相互作用することを理解していただきたかったのです。

つまり、カードがテーブルの上にたった1枚しか出ていなくても、前後左右のカードを意識して、立体的にリーディングをしてほしいのです。

例えば、「皇帝」が現状を表しているなら、過去に「女帝」のプロセスがあり、次には「法王」のプロセスが待っているということです。そして、裏には「節制」の要素が貼りついているのです。

二元論と2数

先ほど二元論の説明をしました。人間は肉体と霊魂で出来ていて、宇宙世界もまた、形而上の世界と形而下の二つの世界で出来ていると考えます。

東洋哲学において、陽は天空のように形なく広大無辺なものや能動原理を象徴し、陰はそれに対し大地のように形があって限定されるものや受動原理を象徴します。形而上の世界を陽、形而下の世界を陰とし、それぞれの世界にも陽と陰の要素があり、世界の中の事物も陰と陽の要素を持ちます。

日本では古来、常世《とこよ》と現世《うつしよ》といって、現実世界は神界が投影したものであるという思想がありますが、そのように、形而上と形而下の世界は互いが映し鏡のように密接な関係です。どちらかが一方的に作用を及ぼすのではなく、精神と肉体の関係のように相互に作用すると考えます。

また、タロットの数字も陰陽に分けます。奇数を陽、偶数を陰とします。

そもそも、この二元論を軸にタロットの世界観を独自に考えたきっかけは、1数の「魔術師」と「力」のカードの人物だけが帽子を被っているのに気がついたからです。

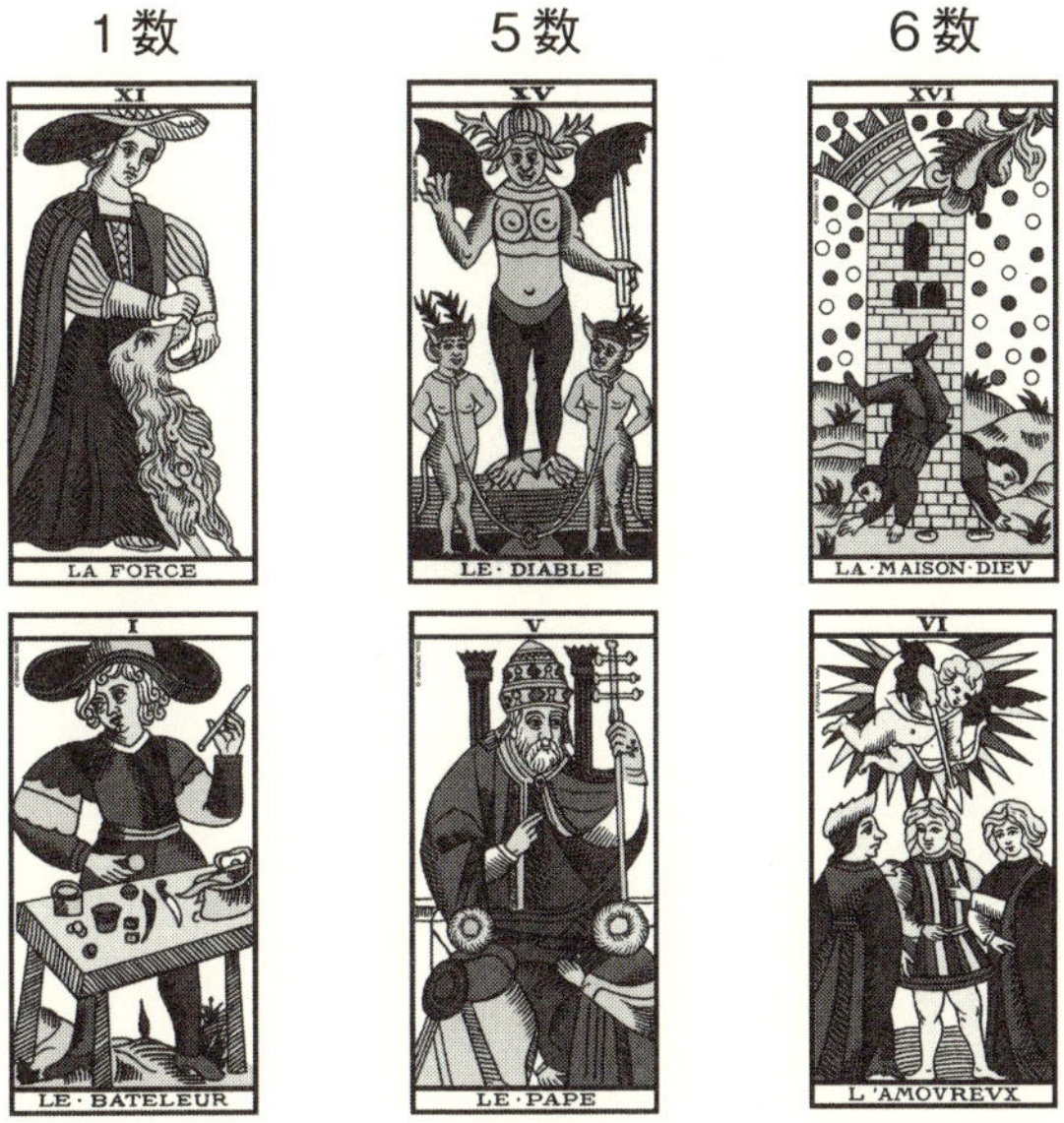

図2

図1のようにカードを並べてみると、上下のカードに共通項があるのを見つけました。

抜粋したのが図2ですが、5数の「悪魔」と「法王」は図の構成が酷似していますし、6数は天から地へ向けて雷や矢が放たれています。対立する事物はセットで一つであるという二元論的発想からすれば、3数の「女帝」と「13番（死神）」は生死でセットであり、9数の「隠者」と「太陽」は老若でセットです。

そうすると、「世界」と「愚者」が余るわけですが、これは有と無、条理と不条理でセットです。

そして何より、大アルカナは22枚。二元論的視点に立てば、どこをどう切り取ってもおのずと2数が存在感を強めるのです。

カードの正・逆位置と2数

2数は原理であり、すべてはその原理に支配されています。

だからこそ、すべての象意に表と裏の面があるのです。象意がポジティブとネガティブの両面を同時に表すのはこのためであり、カードの天地の正逆とは無関係です。本書ではそのように考えています。

正位置も逆位置も象意の内容に変わりはありません。明るさを示す「太陽」が、逆位置だからといって暗闇を示しはしないのです。太陽は太陽のままです。

ただ、ニュアンスの軽重を判別するのに正逆の差を使うのは便利です。天頂で輝く「太陽」が正位置だとすれば、雲に覆われている「太陽」が逆位置なのです。「星」の象意は自由ですが、逆位置の場合は自由すぎるとか、ある程度自由だが多少の制限はある、というように使い分けてください。

第三章　カード解説

第一節　大アルカナ

Ⅰ　魔術師（奇術師）　LE BATELEUR

テーブル上に各スートを表すナイフ（剣）、金貨、カップ（聖杯）があり、魔術師がバトン（棒）を手にしています。材料と道具を使って何かをしようとしている様子は、創造を象徴します。創造には相当なエネルギーと技術が必要です。

完成品が描かれていないのは、未確定と可能性を象徴し、これから振られる机上のサイコロも同じです。何かが現れる可能性があるのですが、成功するかどうかはわかりません。

彼は誰にも真似のできない高い技術で、単純な仕掛けを感動的なショーへと変えることができます。不可能に思えることを、あたかも簡単に目の前で披露してくれます。

先がどうなるかわからないということは、換言すれば、すべての可能性を秘めているということです。

彼は手元を見ていません。ネタがばれないように、観客の視線を手元からそらせたいのかもしれません。そこから、欺きや嘘、ごまかしという象意が出てきます。

いや、単に雑でいい加減なだけかもしれません。計画性のない適当な仕事は失敗しそうですが、偶然のラッキーアクシデントによって、予想をはるかに超えた成功になるかもしれません。どうなるかわからない不安と高揚感がこのカードの持ち味です。

魔術師は、超人的な技で人に夢と希望、感動を与えます。人の心の掴み方を心得ているので、一瞬ですべての人をコントロールすることもできます。

また、1数は自然発生的な数で過去を土台にしませんから、このカードは努力とは無縁な才能やひらめきを意味します。

〔ポジティブ〕
創造性・可能性・才能・エネルギッシュ・技能・器用・旺盛なサービス精神・注目を集める・新しさ・オリジナリティなど。

〔ネガティブ〕
役に立たない創造性・始まらない・集中力に欠ける・飽きっぽい・いい加減・嘘・欺瞞《ぎまん》・いたずらに注目を集める・カモフラージュなど。

感情面では、新鮮な気持ちやワクワク感、「何とかなる」的な楽天さを表し、ネガティブなら「どうでもいい」といういい加減さを表します。状況は始まったばかりのことが多く、うまくいくかどうかは本人次第です。遊びやエンターテイメント、技術者を示します。アドバイスなら、出たとこ勝負で行け、楽しみなさい、適当でOK、嘘はつかないこと、といったところでしょう。

XI 力 LA FORCE

タイトルのとおり、このカードの象意は「力」です。力には、物理的な力と精神的な力がありますが、どんな力もすべてが一方向に集約された時に最大のパワーを発揮します。体の各部位が脳の指令に従い、バランスがとれたベストな状態でこそ、実力が発揮されます。多方向に分散しては大きな力になりません。

そして何より、最大限の力を発揮するには強い意志が必要です。ただやみくもに歯を食いしばるのではなく、集中力を極めて無心に達した時に、信じられないほどの大きな力が出ます。

ゆえに、このカードには意志を貫くとか、信じるという象意があります。信じるということは、心の深淵から無条件に湧いてくるものです。理由や根拠によって信じるというのは確信であって、信じることではありません。

信じる力があれば、世界は複雑ではありません。迷いや恐れを塵のごとく払拭し、消滅させます。考えていてはできないことです。

また、精神統一は感情を制御するので、この「力」を、本能を抑える理性と理解してもいいでしょう。この場合、カードの獣が人間の獣性を象徴します。

「運命の輪」の後にあるのは、現実世界を越えているからです。常識を超越しているのです。恐れずに、獣を素手で制している様子がその象徴です。そこから奇跡という象意が導き出されます。

人智を越えた力を手に入れた次の段階は、限界の先に見る新しい世界かもしれません。

〔ポジティブ〕
力・信じる・純心・エネルギー・奇跡・勇気・不屈の精神・無心・自信・英雄・本能を抑える理性・闇を切り裂く力・信仰など。

〔ネガティブ〕
信じきれない・雑念を生じる・力不足・自信がない・信念を曲げる・強引・荒々しい・意志薄弱・誘惑

に負けるなど。

感情面では意欲的でも冷静な状態や、高い集中力、無心を表します。どんな困難ももろともせずクリアします。本人の力で状況を変えていくことを表します。格闘家やアスリートを示す時によく出現するカードです。アドバイスは、信じなさい、自信を持ちなさい、余計なことは考えるな、などでしょう。

Ⅱ　女司祭（女教皇）　LA PAPESSE

司祭は書物を手に、厚いヴェールに包み隠されるようにして座しています。宗教的立場の最高位にいて、世俗から離れた存在です。正しく清らかでなくてはならないので、女司祭の表情を直視することも、声を聞くことも叶いません。近づき難い聖なる存在です。

女司祭に教えを請えば、言葉を発せずに、「すべてがこの中にある」とでも言うかのように書物の中の1ページを指し示すでしょう。女司祭は、すべて分かっていても言葉で伝えることはしません。自分の言葉で伝えるならば、それはすでに純粋ではなくなってしまうからです。頑ななまでに忠実に、神の真理を伝えるのです。

しかし、多くの人はそれを理解できないために、女司祭を畏怖し、時にはその存在すら正しく認識できません。

また、ヨーロッパには、かつて女性の法王が存在したという伝説があります。ある事情で女性であることを隠して修道院に入った彼女は、生来の優秀さから瞬く間に出世していきます。そして、ついには最高位である法王にまで上りつめるのですが、妊娠をしてしまいます。隠し通そうとしましたが、こともあろうに儀式の最中に産気づいてしまい、そのまま亡くなってしまったとか、どこかに連れて行かれて行方知れずになってしまったというストーリーです。

伝説の真相は永遠に謎です。女性の法王が実在したかどうかも謎です。しかし、伝説の中には存在するのです。

これは2数の儚いイメージと重なります。ここから、秘密だとか、実体はないが否定できない存在ということが象意になります。存在するといえば存在するが、そうでないといえばそうではないという、ミステリアスなカードです。

〔ポジティブ〕

峻厳・威厳・秘密・隠された存在・純潔・直感・霊感・静寂・啓示・実体がないなど。

〔ネガティブ〕

厳格すぎる・秘密が漏れる・潔癖・神経質・穢れる・非現実的すぎる・なくなるなど。

感情面では、真剣さや一途さ、不正や穢れに敏感であることを表し、悪くすれば潔癖で神経質、思い込みが激しい、気位が高いなどとなります。職業としては秘書や司書、霊媒師や神職を表しますが、世間に認知されていない特殊な仕事を表すことがあります。状況的には、なくなる、消えるということが多く、会社が吸収合併されたり、イベントが中止になったりします。アドバイスは、一途であれ、隠れなさい、秘密を守りなさい、といったところでしょうか。

XII　吊るし人　LE PENDU

吊るし人は左右の木の間に吊るされています。

片足が縛られ、もう片方が自由なのは、２数の対称性を象徴しています。同時に、静と動の狭間に存在しているということを示しています。

２本の木は、有形と無形の世界を表し、吊るし人はその境界にいるわけです。物理的に限界を持つ肉体が束縛された足で象徴され、そこから解放された限界のない精神世界をもう片方の足が象徴しています。

しかし、そもそも、表と裏とか、この世とあの世の間に狭間はあるのでしょうか。もしかすると、彼は両方の世界に同時に存在しているのかもしれません。しかし、両方の世界にいるということは、どちら側にもいないとも言えます。

吊るされているので、動くことはできません。２数も、ただ受けることしかできない数です。生か死のどちらかがやってくるのを待つばかりです。

彼はなぜ吊るされているのでしょう。刑罰なのか、修行なのか、宗教的犠牲なのか。

極刑の状況と見なせば、生きているわけでもなく死んでいるわけでもない、どっちつかずの状態といえます。極限の苦痛の中、彼の意識は薄れていき、やがて今まで見たことのない世界を垣間見るかもしれません。

長い間吊るされていたため、体重に耐え切れなくなったロープが切れて、片足になったのかもしれません。

そうであれば、間もなく彼のもとに死が訪れ、苦しみも終わります。

ですから、次は死神が描かれた「13番」なのです。

〔ポジティブ〕

忍耐・待つ・犠牲・修行・身動きがとれない・中間・どちらでもない・考える時間・もうすぐ楽になる・通常と異なる視点を持つなど。

〔ネガティブ〕

望まぬ犠牲／修行・苦痛・右記の状態が長く続いて苦痛から解放されないままでいることなど。

身動きがとれない時によく出現するカードです。何もできない苦しさやもどかしさを表します。状況的には、とにかく変わりません。このカードが出たら、自分ではどうにもできないことがほとんどなので、待つしかありません。いかに待てるかが運命の分かれ道であったりします。混血やWワーク、多重国籍などを示すこともあります。アドバイスは、うまく待つこと、逆の視点から考えること、などでしょう。

Ⅲ　女帝　L'IMPÉRATRICE

彼女は女性の最高権力者です。
手にしている王笏《おうしゃく》と盾がその象徴で、笏《しゃく》は統治権を、盾は王族の誇りを示しています。盾に描かれている鳥は、鷲でしょうか。それとも永遠の命を暗示する不死鳥《フェニックス》でしょうか。

4数の大アルカナである「皇帝」も盾を傍らにたず

さえていますが、描かれている鳥の様子が少し違います。女帝の盾の鳥は、翼を広げて天高く飛び立つかのようです。

華やかな装束を身にまとい、ゆったりと玉座に座る姿は高貴で美しく、豊満な体つきは、新しい命を宿しているようにも見えます。

母鳥はひなの餌を探すために飛び回ります。

彼女の髪は結い固められていません。豊かな髪は女性的魅力の高さを表し、獅子のたてがみのように気高く華やかです。

優しく、柔和で、寛容で、底知れない力強さを秘めています。

圧倒的な生命力と繁栄力、豊かさ。その象徴が女帝です。

〔ポジティブ〕

豊かさ・繁栄・美・喜び・生産・逞しさ・偉大な母性・女性的魅力・女性性・豪華など。

〔ネガティブ〕

繁栄力の弱さ・過剰な繁殖・飽和状態・生産性の低さ・つまらない・母性の欠如・図太さ・嫉妬などの女性性の悪さなど。

タロットカードに吉凶や良い悪いはありませんが、それでも「女帝」は割合に吉要素を示すことが多いです。すべての面で発展、豊かになります。大らかな感情や優雅な気持ちを表します。美人や魅力的な人を示し、女社長、妻でもあります。悪くすると意地悪さや品のない派手さ、肥満、怠惰などになります。アドバイスは、美しく華やかであれ、大らかであれ、のびやかに勢いよくあれ、豊かになれ、という感じでしょう。

XIII 13番（死神） No Title

このカードにはタイトルがないので、便宜上「13番」と呼んでいますが、図柄のイメージから「死神」と呼ぶこともあります。

さて、死は肉体の鎖を断ち、魂を解放します。図柄から死や恐怖をイメージしやすいのですが、その前に、前後のカードに注目してください。前は「吊るし人」です。図柄の吊るされた人間は極限状態の中、見えない世界を見ることができる意識状態にあって、過酷な現実におかれていても、精神的には崇高な状態にいます。その意識はやがて更なる高みへ昇華していきます。

死は恐怖です。しかし、それは吊るされている人間からすれば解放なのです。生への執着を越えて何かを悟った瞬間に、死がやってきます。

死によって、状況が変化することは間違いありません。一元的に見れば、単なる終焉に見えても、その後には新しい変化生成が起きます。

苦痛を伴うプロセスを経た魂が、死という巨大なエネルギーによって方向を転換し、昇華して新生するのです。ゆえに、「女帝」と比較して〝真逆〟の生産になるわけです。

この死を象徴するカードが単なる終りを意味するだけなら、次のカードはありません。

しかし、続くカードは「節制」です。カードの象意は嵐の後の静けさであり、倒れて崩れ朽ちた木に芽吹いた若い芽です。

たしかに、「13番」のカードの象意は生に対する死であり、死の絶望感や喪失を表しますが、破壊も創造も同じエネルギーであって、方向性が違うだけなのです。

死神の足元の黒い地面は肥沃の象徴です。豊かさと繁殖を表現しているのでしょう。

古代エジプトでは、ナイル川が年に一度氾濫して一切を飲み込み、土地がリセットされました。その後に残されたのは荒涼とした土地ではなく、肥沃な恵みの大地でした。

〔ポジティブ〕

終焉・節目・始まりを前提とした終わり・清算・リセット・避けられないことなど。

〔ネガティブ〕

死・受け入れがたい終焉・うまく切り替わらない・打ち切りなど。

節目、区切り、変化という時によく出現します。完全な終焉は表しません。むしろ3数ですから、変化そのものを示すのです。ごくごく稀に、死を示すことはありますが、めったにないことです。感情面では白黒つけたいとか、出直したい、余計なことに関わりたくない気持ちを示します。どんな状況であれ、「バッサリ」という擬音がそのまま当てはまります。アドバイスも、バッサリやりなさい、でしょう。

Ⅳ　皇帝　L'EMPEREUR

皇帝は最高位を表す王笏《おうしゃく》を掲げ、盾は足元に置かれています。描かれている鳥は翼をたたんでいます。獲鳥がそうしている場面を想像してみましょう。獲物を狙っている時、周囲を覗っている時、次に何をすべきか考えている時、夜を過ごす時……。むやみに動

いては危険です。

「女帝」のように光輝く力強さで勢いよく繁栄を極める時代は過ぎ去り、豊かになった国をいかに守っていくかを彼は考えています。

国を存続させ、衰退に向かわないように、次に何をするべきなのかをじっと考えているのです。

そのためには非情さや冷徹さも必要です。ごまかしや半端さは許されません。

〔ポジティブ〕

権力・支配・リーダー・管理・責任・統制・安定・固い・基礎・現実・具現化・理性・冷静さなど。

〔ネガティブ〕

圧政的・横暴・堅苦しい・頑固・基礎が甘い・中途半端・冷酷・平均的で平凡・時代錯誤的など。

すべての面で安定感があり、不安要素が少ない状況を表します。しかし、良くも悪くも、すべて想定内に収まるので面白みはありません。感情面では、冷静さや何かを守りたい気持ちを表します。管理職、社長、監督、リーダー、夫を表します。管理する行為も表します。アドバイスする場合でこのカードが出たら、安全第一、現実的に考えよ、足元を固めよ、などと解釈できます。

XIV 節制 LA TEMPÉRANCE

「13番」で少し触れましたが、このカードのイメージは〝嵐の後の静けさ〟と〝芽生え〟です。大嵐に見舞われた地表の下で新しい命を育んでいます。

水瓶の水を左から右へと慎重に移していますが、大切に扱わないとこぼれてしまうからです。そのくらい注意深く、静かに、何かを守るという象意があります。

何もかもがなくなった地表に誕生した柔らかい芽は、守ってやらないと育ちません。穏やかに、じっと小さな命を見守るのです。早く育てと願うこともなく、眠るわが子を母親が抱いて見守るように。ここから命を導くという象意が表れます。

この小さな命は、肉体を離れた魂です。天使が魂を「向かうべきところ」へ優しく導きます。瓶の水の流れが導きの象徴です。

また、古いものから新しいものに緩やかに移行するプロセスも表しています。死という激しい変化を通過した魂は、天使の導きによって徐々に落ち着きを取り戻していくのです。

〔ポジティブ〕

穏やかさ・優しさ・見守り・癒し・安心・回復・平和・緩やかな移行・バランス・つながり・授受など。

〔ネガティブ〕

大人しすぎる・気の弱さ・回復に時間がかかる・移行に時間がかかる・バランスを崩す・優しすぎる・授受が成立しないなど。

優しさと穏やかさに溢れるカードです。和む、ほんわかする、のどか、リラックス、そんな言葉がぴったりで、思いやりのある関係や深く理解し合っている関係も表します。悪くすれば、自分の意志がないとか、相手に合わせすぎるということになります。アドバイスなら、バランス良く、思いやりを持ちなさい、休養しなさい、見守りなさい、といったところでしょう。

Ⅴ 法王（教皇） LE PAPE

人類の始祖が神の命令に背いた罪を、すべての人間が背負っている――そう知らされた人々は、嘆き、不安に慄き、心もとなくさまよいます。それだけでなく、いままで自分で犯した罪をも自覚して苦しみます。

神の代理として彼らを許し、迎え入れるのが法王（教皇）です。

それゆえ、このカードは救いを求める人々やその心情を表します。

法王は、人類が真に幸福になる道を示し、真理を教え、恵みを与えます。また、壮大な教会の奥深くに鎮座する聖人であり、何億というキリスト教徒を抱える巨大組織の頂点に立ち、様々な儀式を執り行います。組織があれば、組織の内と外という〝区別〟が出現します。所属する組織に誇りを持つのは喜ばしいことですが、行き過ぎれば排他的な感情や思想を持つようになります。自分の側が正義でそれ以外は悪というように、極端な方向に向かい始めると、内部と外部の対立から戦いが始まる可能性が出てきます。両者の溝が深くなるにつれ、争いは激しさを増すでしょう。

カードには信者も描かれていますので、二つの視点から象意を導き出します。法王の視点では許すという象意になり、信者の視点では許されるという象意になります。

〔ポジティブ〕

許し・承認・指導・教義・道徳・儀式・組織・規律・約束・認められる・組織的な地位を得る・教えを

受けるなど。

〔ネガティブ〕

道徳に反する・許されるのに時間がかかる・認められるのに時間がかかる・形骸化した儀式・排他的な考え・役に立たない助言など。

人は一人では生きていけません。社会や集団に属して、自分の居場所を確保します。このカードはそれを強く表しています。また、試験や就職を占う際には頻繁に出現しますが、それは入学や入社を許す・許されないということだからです。法王という立場と教会という組織から連想できることすべてが象意になります。信者の視点なら、認められたい、助けてほしい、居場所が欲しいという感情を表し、法王の視点なら、受け入れたいとか、助言したい、支持されたいとなります。アドバイスなら、指導をせよ・受けよ、正しい手段を取れ、組織感覚力を持て、などでしょう。権利に関するテーマにもよく表れるカードです。

XV　悪魔　LE DIABLE

カードのテーマは〝束縛〟です。何かに縛られて離れられない状態を表しています。ある人は神のもとに

居場所を求め、ある人は悪魔のもとに居場所を求めます。どこに自分の居場所を求めるかは人それぞれです。

図柄の中央には異形の姿をした大悪魔がおり、左右に一対の小鬼が縄につながれています。図柄の構成は「法王」と似ています。

「法王」も「悪魔」も、さまよう人々に居場所を与えています。5数の象意は支配と従属であり、立場が下の一般信者と小鬼は大きな力の下にひれ伏し、「悪魔」は支配し、「法王」は統べています。この意味でもこの2枚のカードは共通しています。

しかし、当然違いがあります。

「法王」のもとへ人々は自分の意思でやってきました。一方で、「悪魔」のもとへは快楽を求めた末にたどり着いただけなのです。

人々は「法王」を仰いでいます。自分がどこにいて、どこへ向かうのかがわかっているのです。しかし、「悪魔」の小鬼は、中央の大悪魔を見ていません。すぐ後ろにいるのに、見えていないのです。自分がどこにいて、どこへ向かうか理解していません。後ろ手に縛られて縄でつながれていますが、縛られているから動けないのではなく、何もわからないから何もできないだけなのです。

正体不明なものに対しては誰もが恐怖を感じます。妄想が妄想を生んで、恐怖心は際限なく大きくなり、やがて世界のすべてが恐怖に変わります。まともに息ができないほど、「悪魔」に支配されるのです。「悪魔」は自分の姿を絶対に明かしません。背後にじっと立っているだけです。強制もしません。悪魔の支配の下にいても、誰のせいでもないのです。そこにいれば、規律や常識などの窮屈なことからは自由です。堕落しようが、どうしようが自由なのです。「悪魔」は存在を明らかにしないまま人間を虜にして、がんじがらめにします。非常に巧妙です。闇は、どこまでが闇なのかわからないのと同じです。正面から向き合えない分、厄介なのです。

〔ポジティブ〕
強力なカリスマ性・一瞬で虜にさせる魅力・したたかさ・強大な支配力・アンダーグラウンド的な魅力など。

〔ネガティブ〕
束縛・執着・欲・悪・恐怖・依存・倒錯・憑依・黒幕・泥沼状態・腐れ縁など。

やはりタイトルの通り、禍々しさやトラブル、事件発生を暗示するカードではあります。しかし、それだけではなく、尋常でないカリスマ性やアングラ的な魅力も表し、恋愛なら離れられないくらい魅力を感じていることもあります。もちろん泥沼の恋愛トラブルやストーカーも表します。とにかく、良くも悪くも異常性を表すカードです。アドバイスは、悪いことはダメというのは当然ながら、場合によっては……良いことではありませんが……、正当な手段が通用しない状況に対して狭くあれとか、必要悪的なことはいたしかたない、という感じになります。もちろん、このようなケースはごく稀ですので、誤解のないように。

Ⅵ 恋人たち L'AMOUREUX

「恋人たち」というタイトルを持つこのカードには、2人の女性と間に挟まれている男性、上空から矢を当てようとしている天使が描かれています。地上の男女の恋愛事情に関わる天使ということで、ローマ神話のクピドー（キューピッド）が連想されます。タイトルや図柄から、男女の情愛がこのカードのテーマと思われがちですが、その意味に限定されることはありません。

3人の構成は前の「法王」と似ていますが、このカードは中央の人物と左右の2人の間に上下関係がありません。中心人物に求心力がないのです。

また、男性の顔と体は別方向を向いていますが、これは矛盾や嘘の象徴と解釈できます。矛盾があると、集団をまとめられません。むしろ、2人の女性に振り回されているかのようです。

そこから、まとまらないとか、混乱、迷いという象意が表れます。どちらにしようか迷えるだけの材料があることから、第三の選択肢が出現するという象意にもなります。

最終的な決定権は、天上の天使の矢にあります。男性の視野の外、つまり意識外の力によって決まるのです。６数の象意を思い出してください。６数は自然と環境を表し、人の力が及ばないことでした。このカードの象意も同じです。自らの意思と無関係に、環境や状況によって左右される様子から、自分の力だけではどうすることもできないという象意と、意識外の〝何か〟が関係するという象意が出てきます。

天使の矢ですから、突然に〝何か〟ピューッとやってきて、物事が決まります。ＡかＢか悩んでいる時に、通りがかりの人が偶然に「Ｂ」と告げていくようなものです。逆を言えば、天使の矢でなければ事態の収拾はつかないということですから、いくら悩んでも答えは出ないのです。

また、天使の矢は、直感や不思議な縁も象徴します。

〔ポジティブ〕

迷い・選択・混乱・話し合い・第三者の介入・話し合い・調停・環境の影響・自分に決定権がない・成り行きに任せる・直感で決定など。

〔ネガティブ〕

優柔不断・選択を誤る・主体性がない・堂々巡り・話がまとまらない・深刻な混乱・振り回される・横やりが入る・勘が外れるなど。

混乱と調整、話し合い、〝何か〟が降ってくるということを押さえておけばＯＫでしょう。話し合いや調整という象意は図柄のイメージと６数の象意から来ています。次の「戦車」が決定と実行を表すので、このカードはその前段階という感じです。感情面では「どうしようかなぁ」と迷う気持ちはもちろん、まわりの意見を聞きたい、おしゃべりしたいということも表します。方向性が定まらない状況や調整中、協議中、タイミングなど何かを待っている状態を表します。当然バタバタの混乱も。アドバイスは、話し合うべき、成り行きに任せなさい、といったところでしょう。

XVI　塔　LA MAISON－DIEU

本人の力だけでは悪魔の支配から解放されるのは不可能ですから、天の助けが必要です。これは第三の力として、神の雷や炎で象徴され、「恋人たち」の天使の矢に相当します。

ところで、カードの順番では「恋人たち」の前は「法王」です。相手は聖職者ですから、本人が組織から

抜けたいなら、話し合いなどの常識的な手段さえ取れば可能です。しかし、「塔」の前は「悪魔」。相手は強大な力を持つ霊的な存在です。人間の力ではまったく歯が立ちません。クピドーの矢は専門外で、唯一、善なる神の力のみが有効です。

塔から落下する2人の人間は、悪魔につながれていた2匹の小鬼で、大元の悪魔は崩れゆく塔として比喩的に描かれているのかもしれません。悪魔が神の力で粉砕されるということは、縄でつながれながらも、そこを拠り所にしていた者にしてみれば、落城ですべてを失うようなものです。悪魔から解放されるには、それほどの強烈な恐怖と苦痛、そして絶望を伴います。

歴史上の独裁者のように、塔の上から見下ろす立場になると、驕り高ぶり、人を見下すようになります。全権力を掌握し、まるで世界は自分のためだけに存在していると思い込み、自分が神だと信じるようになります。

「塔」は、旧約聖書に登場する伝説上の〝バベルの塔〟であるとも言われています。人々は神々の住まう天にまで届く巨塔を建設しようとしますが、その傲慢さが神の怒りに触れてしまいます。神は人々の言語を分断し、混乱させて戒めたというものです。ここから、虚栄心や傲慢さを打ち砕くという象意が出てきます。

また、財産や地位など、築き上げてきたものを守りたくなるのが人間です。どうしても執着してしまいます。

流れない水は淀み、腐ります。同様に、すべて循環してこそ健全さが保たれるのです。山は風に侵食されて平地になり、海底は隆起して山になります。自然はそのように変化し続けるので、塔が崩れても終わりではなく、そこから先が待っています。

ゆえに、次の「星」にはすべてを失った後に見出される希望という象意があります。何も持たないからこそ、自由なのです。

〔ポジティブ〕

突然の閃き・まさか！というような嬉しいハプニング・サプライズ・災い転じて福となすなど。

〔ネガティブ〕

ショックな出来事・突然の変化・予測不能なこと・驚き・破壊・衝撃・崩壊・アクシデント・傲慢さに対する警告・無理な願望・落下・気づきを促す大きな事件など。

激しい衝撃がこのカードのテーマです。感情面では当然ショックを受けた時の心情ですが、ショックとまでいかなくても通常レベルの驚きも表します。他に、目からウロコ、閃き、ビリビリする感覚なども表します。雷の図柄から電気や音響関係の職業などを表す場合もあり、音そのものを示すこともあります。逆位置の場合は、衝撃が強すぎるか弱すぎるかのどちらかです。アドバイスは、謙虚であれ、高望みはするな、不慮に備えよ、サプライズしなさい、という感じでしょう。

Ⅶ　戦車　LE CHARIOT

2頭の馬が天蓋《てんがい》のついた車を牽き、冠を載せた若者が車上から進行方向を見据えています。手には鞭の代わりに笏《しゃく》を持ち、両肩には表情の異なる人面を象った飾りを付けています。

2頭の馬と両肩の飾り。これは相反するものを一つに統合しているという象徴です。対立する二つの王家や民族などをまとめるために生まれた、第三の存在かもしれません。たとえば、対立する一族同士が婚姻で手を結び、それによって生まれた嫡子です。皇帝（4数）を冠する一族と女帝（3数）を冠する一族の結合。4＋3＝7数。

若者は希望の星であり、新しい時代の象徴でもあるのです。

勢いを増しつつある新興勢力と、もはや繁栄は過去のものとなって衰微の淵に立たされた古い勢力の対立関係と想像すれば、車を牽く2頭の馬も、両肩の円盤飾りも、牽引する側と従う側を象徴しているように思えます。1頭の馬は真っすぐ進行方向に進んでいるのに、もう1頭は同じ方向を向きながら体は逆方向です。進行方向に向う馬は勝者側で、顔と胴体がねじれている馬は敗者側です。勝者に従順な様子を見せつつも、抗う心の炎を秘めたまま、第三の存在に制御されている状態を表しています。

ともすれば、2頭が仲違いして真逆の方向に走り出すかもしれません。

しかし、若者はその細い王笏《おうしゃく》を掲げて馬をうまく制御し、車を前進させます。正面を向いているのは、右にも左にも進まず、第三の道を進むためです。

新しい希望の王子として、若者は前進します。

しかし、彼自身が道を切り開くわけではありません。

なぜなら、若者は大地に足をつけて、自分の力で歩いていないからです。2頭の馬に象徴される勢力の上に乗っているだけです。

〔ポジティブ〕

勝利・前進・克服・第三の道・制御・統率・牽引・混乱の収束・シナジー・相乗作用など。

〔ネガティブ〕

勝利や前進に時間がかかる・うまく制御できない・前進と後退の繰り返し・楽をする・虎の威を借るなど。

感情面では挑戦的、意欲的など前向きであることや、旅行がしたい、遊びたいなど「○○したい」ということを表します。順調、着実に状況が進みます。他に、実行、バージョンアップ、レベルアップなども表します。図柄そのままに車や鉄道、航空機など乗り物に関すること全般やその業種を示すことも少なくありません。アドバイスは、前進あるのみ、上手にコントロールしなさい、実行・挑戦せよ、新旧合体で新しいものを作れ、中立な立場を取りなさい、後ろ盾が必要、などでしょう。

XVII 星 L' ETOILE

際限なく進むこと、自由、解放などが「星」の象意です。女性が裸であることや甕《かめ》から溢れ出て地表に注がれ続ける水がそれを象徴しています。

同じ7数のカテゴリーの「戦車」は車上に天蓋《てんがい》の幕が垂れ、四方に4本の柱がありましたが、「星」のカードには何もありません。

天空に瞬く星と、地表を流れる川。果てなく広がる大地。

7数の「戦車」は6数の「恋人たち」の次ですから、混乱が収まることや決心して前進することを表し、同時に、環境（6数）を制御する力を求めるので欲望という象意があります。

「戦車」の方は大地を馬で進みますから、障害があれば排除しなければなりませんし、何より扱いにくい馬をコントロールしなければなりません。しかし、「星」は水や川の進み方ですから、水が障害物を飲み込んでしまい、流れは止まりません。「戦車」がジェット機だとすれば、「星」は風です。「戦車」が大型船なら、「星」は波です。そんなイメージです。

女性は生まれたままの姿です。これは、「悪魔」から解放される時にすべてを失った状態を象徴しています。もはや、何の束縛も未練もありません。完全に自由です。重力すらありません。

何もなくなった大地に〝希望〟を注いで、新たな命を吹き込んでいます。水は生命の源です。希望は生きる源泉であり、やがて大河になります。

パンドラの箱を開けて、あらゆる災厄、困難、苦痛が世界に飛び出した後、最後に出てきたのは希望だというギリシャ神話のように、「星」は、すべてをなくした後の希望という象意を持ちます。

また、カードの世界観からすれば、肉体への執着から完全に解放された魂が禊《みそぎ》をして、冥界の門に向かう姿です。覚悟が決まって、清々しさの極みにいるような状態を表します。

〔ポジティブ〕

解放・自由・純粋・感性・天真爛漫・清々しさ・浄化・一瞬で進む・ダイナミックに進むなど。

〔ネガティブ〕

わがまま・本能のまま・あきらめきれない・浪費・希望がなかなか見出せない・歯止めがきかないなど。

自由奔放で天真爛漫な様子や、号泣、爆笑など、リミッターが外れたような状態を表します。良い仕事につきたいとか、裕福になりたいとか、本来はそのような俗っぽい願いは表さないカードですが、憧れや夢を見るような感じの願いを表すことはあります。状況的には、あっという間に進展するか、流れてしまうかのどちらかです。解放がキーワードなので、良くも悪くも〝解いて〟しまったり、ブレーキがなかったりするのです。アドバイスは、素直になれ、感情のままに行け、本当に大切なものは何か見極めなさい、などでしょう。

Ⅷ　正義　LA JUSTICE

「正義」は、2＋2＋2＋2＝8として、「女司祭」が四方を固めているというイメージです。4数は守りや制限を表し、2数は闇と儚さを表し、鏡のような働きもします。この2数が4つ重なるわけですから、幾重にも重なる闇に飲まれて動きが制限され、進めば跳ね返され、鏡の間のように抜け道が見出せない……と

いうイメージです。

また、8数には試練という象意があります。7数から8数への流れから、望んで進めば（7）必ず試練や壁（8）にぶつかるからです。

一般的にこのカードは公正やバランスという意味で知られているのですが、本書ではそんな生易しいものではなく、厳しく、ハードなイメージとします。正義の女神が持つ右手の剣はその厳しさの象徴です。非常に保守的で、秩序を乱すものには容赦がありません。これがこのカードの象意です。

しかし、辛抱強く試練を乗り越えれば、その先には9数の達成と完成が待っていて、喜びがあります。

ところで、ヨーロッパで古くから重要視されてきた徳に関する概念に、「枢要徳」があります。主に賢慮・正義・勇気・節制の四つを指しますが、名称から特定のタロットカード（Ⅸ・Ⅷ・Ⅺ・XIV）が思い起こされます。

正義は、自と他を秩序づけるものであり、個人と社会を秩序づけるものであります。どんな関係においても互いに持っているものが均等に交換、もしくは分配されなければならないという完全な公平さです。偏りは一切許されません。天秤がその象徴です。

一般的な正しさとしての正義もこのカードの象意です。個人的感情や都合、ひいき、偏見などの偏りがあれば正義はなされません。正義の基準をどこに置くのかで、象意もリーディング内容も変化するでしょう。

8数は、境界線上にある門です。勝負で勝敗が決するように、〝門〟を通過すれば容赦なく結果が出ます。この客観性が「正義」の持ち味です。

〔ポジティブ〕
正義・正義感・理性・公正・公平・厳格・平等・管理・判断・決断・法・秩序・厳密など。

〔ネガティブ〕
歪んだ正義感・容赦がない・偏見・不正・判断を誤る・独断・個人だけのルール・厳戒態勢・誤った法など。

良くも悪くも厳しく、曖昧さを許さないカードです。感情面でもそのような厳しい感情や、「許さん！」と、時代劇の主人公の悪役への憤りのようなものを表します。何があっても絶対に曲げません。相手や状況を批判・否定する場合もあります。決断しなければならない状況や、自分が判断される状況が訪れることも表します。他に、正確、厳粛、規則的な動きなど。アドバイスなら、厳しい判断も時には必要、正確であれ、覚悟を決めなさい、などでしょう。

XVIII　月　LA LUNE

目標や目的（9数）のためには門（8数）を通過しなければなりません。

8数のカテゴリの「月」のカードは門です。門は、此方と彼方の境界に存在するものです。また、地上から月の裏側は見えません。

つまり、門の先に何があるかはわからないので、「月」は先が見えないことや不安を表します。

「星」のカードの川は、「月」の門の手前で途切れます。水棲の生物が水から這上がって砂漠に踏み入ろうとしている図柄は、死に値するほどの試練や困難の象徴と解釈できます。

ギルガメシュ叙事詩では、ギルガメシュ王は親友の死をもって初めて死の恐怖を知ります。そして永遠の命を求めて旅に出ます。その秘密を知るただ一人の人に会うために、頂上が太陽に届き、麓が冥界に達するという〝双子〟と名のつく山を越えていかねばなりません。山の入口に蠍《さそり》人間が立っていて、「なぜ進むのか。この先は暗闇が途切れることなく続き、越えたものは誰もいない。それでもいくのか」と、王に問いかけます。王の覚悟を知った蠍《さそり》人間は山へ入ることを許可し、王は道に沿って進みますが、果たして深い闇に道を閉ざされてしまます。やはり、いくら進んでも前後不覚の暗闇。それでもなお勇気を振り絞って進んでいくと、やがて太陽の光が差してきて、美しい楽園が出現します。

「月」のカードの後は「太陽」です。この叙事詩の一節のように、目標完遂に至るまでの試練が「月」の表すところです。

ゆえに、長く続くことや一度踏み込んだら後には戻れないこと、やがて必ず苦労が報われることなど、このストーリーから連想できるすべてが象意になります。

「正義」と「月」は、物事に対する決断と覚悟を表します。ギルガメシュ王に問う蠍《さそり》人間、真偽を問う「正義」の女神。

覚悟をしないと目的は果たせませんから、自分の志を再確認する必要があることも示唆します。

〔ポジティブ〕
幻想・覚悟を決める・試練に挑む・長く続く・先が見えない面白さ・夜・月・女性性・門・境界など。

〔ネガティブ〕
不安・幻覚・何をすべきか考えられない・分からないゆえの恐れ・狂気・終わりがない・境界線が不明瞭・暗闇など。

感情面では、不安や憂鬱な気持ち、苦しいけれどもあきらめないタフな気持ちを表します。女性性も表しますが、これは東西の占いのほとんどが太陽を男性原理とし、月を女性原理とするからであり、実際の占いでも生理や子宮を示すことが多いからです。状況は、モヤモヤとした感じや、低迷期が続きます。なんにせよ長く続くので、それを良い意味に捉えてもいいでしょう。アドバイスは、覚悟を決めなさい、最後まで頑張れ、曖昧にしておきなさい、などでしょう。

Ⅸ　隠者　L'HERMITE（L'ERMITE）

1〜10の数字列の中で、すでに次のレベルの成長段階に入っている10を除けば9は最大値です。最終形である完成を表します。最高位の数です。最も高いのですから、それより上はありません。

しかし、そこで終わることが許されない数の流れの原理から、次のレベル（10）に移行して新しく生まれ変わらなければなりません。ゆえに、限界点や行き詰るという象意があります。

最高峰を制して下界を見下ろす時の心境や状況はどのようなものでしょうか。頂点に立った者にしかわからない充実感と達成感、そして幸福感。その瞬間に、今まで辿ってきた道のりを振り返ることでしょう。これらはすべて、9数のニュアンスであり、「隠者」のニュアンスです。

最高点に達するまでには多くの知識や経験を獲得していますが、最高ゆえに並ぶものがなく、孤独です。完全に自分との戦いです。

山頂の上に天空があるように、頂点を極めてもさらに上があります。そして、やがて前人未到の世界を目指したくなり、挑戦を始めます。しかし、翼がない限り天空を目指せません。そこで何をどうすべきなのかを考えます。ありとあらゆることを考え、試します。今までの方法は通用しません。培った経験や知識もそのままでは役に立ちません。これらも9数の持ち味であり、「隠者」の持ち味です。

さて、「隠者」は個人の完成です。人生の最終局面です。世捨て人である老人の図柄がその象徴です。「隠者」は多くを失って、多くを得ました。死を目前にして何を思うのでしょう。

対する「太陽」は、魂の完成を表します。前章で、11番以降のカードは精神性が強いと説明しましたが、魂のレベルにおいての完成とは、魂の補完です。欠けたピースと出会い、結合するのです。

この老人は、人生の極限に至ってもまだ先があることを知っているので、カンテラでその先を見つめます。例えばカンテラの向こうに鏡があり、単に老人の姿が映っているだけの状況でも、彼はさらに上を求めて鏡の向こうの世界を見ようとするでしょう。

ところで、カンテラがあるということは、辺りは闇ということになります。暗闇を光明で照らす行為は、物事の本質や隠れている真実を知ること、悟ることを比喩的に表現しています。杖は、旅に欠かせないものであり、また、力と慧眼の象徴でもあります。

〔ポジティブ〕

深い思慮・高度な知識・達人の域・求道・引退・孤高・複雑さ・学術／研究機関・学者・研究など。

〔ネガティブ〕

偏った知識・変人・孤独・引きこもる・社会性のなさ・有能だと思い込む・知識自慢・偏屈など。

あまり人とのかかわり合いを求めない気持ちや状況を表し、研究などに没頭、引きこもり、隔離された状況などを示します。悪くすれば風変りなことを考えて行動し、まわりに迷惑をかけることを表します。他に、古さ、伝統、相続や継承も示します。アドバイスは、ひとりで考えなさい、限界を越えよ、我を捨てよ、研究が必要、自分に勝て、振り返りなさい、などでしょう。

XIX 太陽 LE SOLEIL

2人の子供は双子に見えます。互いに不完全な魂を補完する自分のカタワレであり、陰陽が合一した完全

形です。

ギルガメシュ叙事詩で幾多の試練を乗り越えた王は〝若返りの草〟を手に入れます。同じ9数のカテゴリーの「隠者」の老いた世捨て人と「太陽」の幼い子供の対称性が興味深く感じられます。

「月」はここに至るまでの厳しく長い路程で、「太陽」は目的を遂げて希望が叶った状態です。苦労しないと手に入れることができない大切なものでもあります。

さて、9数のテーマは完成です。〝若返りの草〟を得ることで王は当初の目的を遂げますが、それで終わりません。帰路の途中で蛇に大切な草を取られてしまいます。このエピソードから、否でも応でも変化して、次のレベルに進まざるを得ない9数のニュアンスが感じられます。

また、太陽は非常に強力な光ですべてをあまねく照らします。月光と違い、陽光の下では良くも悪くもすべてが明らかで直接的です。曖昧さがないので「太陽」にはシビアなニュアンスがあります。

また、天頂で輝く太陽や、地平線に没する太陽など、太陽の様相からイメージできることや、熱や生命エネルギーなど、太陽から連想されるものすべてが「太陽」の象意です。

図柄から、双子や、ギルガメシュとエンキドゥのような無二の親友も表します。

太陽は最も輝く天空の中心的存在でしたので、古くから王権の象徴でした。そこから、高いステータスや成功も表します。

〔ポジティブ〕

達成・完成・目標・喜び・信頼関係・エネルギー・勢い・明るさ・無邪気・ハイステータス・太陽・昼間・双子・無二の親友など。

〔ネガティブ〕

達成に至る手前・目標を失う・中途半端な喜び・勢いが衰える・体力の低下・明るさが陰る・片方しか生き残れないなど。

とても勢いとパワーがあるカードで、実際に目的達成という嬉しい状況を示すことは多いです。他に、激しい競争、頂点を極めたがゆえの危うさなどを表す場合があります。感情面では、明るく前向き、満足、達成感、信頼を寄せる、感極まるなど。他に、有名人、高級官僚、ハイクラス、高層階などもキーワードに加わります。アドバイスは、高みを目指せ、信頼関係を強化しなさい、パワフルに、などでしょう。

X　運命の輪　LA ROUE DE FORTUNE

10数は小に対する大であり、個に対する全体であり、ひとつの完成を越えてさらにその先へ向かうことが

テーマです。「運命の輪」も「審判」も、この点で共通しています。

「運命の輪」と「審判」のカードの図柄には共通性があります。「運命の輪」の奇怪な生き物と、「審判」の地上の人物は、いずれも3者が描かれています。この3者は、「審判」では天の力によって再生か否かを決定づけられますが、「運命の輪」ではただ輪の上をぐるぐると回り続けます。

「運命の輪」は人が人生の終盤から死へ向かう変化です。単なる変化です。一方の「審判」は、変化に終止符を打つための最終決定であり、次は真の完成である「世界」のカードの段階であり、その先はありません。完成に至らなかった魂は、再び転生のプロセスを繰り返します。

「運命の輪」はただ回るだけです。太陽が回り、季節が回るように、変化しては再び元の位置にもどることもあります。昼が夜に、夏が冬にと、正反対に変わるかもしれません。単なる状態の変化で、特別なことは何もありません。コップに水を注ぎ続ければ溢れるようなものです。植物に水を与えなければ、枯れます。意図的に何かをしなくても、当たり前のようにやってくる変化です。輪は始めから終わりへ、終わりから始まりへ回り続けます。諸行無常です。ですから、「運命の輪」はものごとの移り変わりや流れ、単なる変化を表します。

時間を止められないように、流れはコントロールできません。「運命の輪」のスポークは6本。それが、自分の力の及ばないという環境数の6数の意味に重なります。

ところで、カードのタイトルから、〝運命〟や〝宿命〟のキーワードが連想されやすいのですが、あまり神秘的すぎるイメージを持たなくて結構です。たしかに、生や死などは神秘的なものですが、同時に厳然たる現実でもあります。ロマンチックな運命よりも、現実的な流れや変化をメインの象意としてください。「運命の輪」は、ひとつのサイクルが終わった後に当然来るべき現実的な変化なのです。

〔ポジティブ〕

流れ・転機・節目・変化・回転・周回・好機・タイミング・更新・時間・季節・予定通りなど。

〔ネガティブ〕

うまく流れない・目まぐるしい変化・遅い変化・望まぬ変化・好機を逃すなど。

このカードは、変化を求める場合には良い意味になり、安定を求める場合にはその逆になります。流動的な分だけ、安心も不安も一時的になります。感情面では、変わりたいとか、次のレベルに進みたいとか、気持ちや感じ方が変わることを表します。状況はとにかく変化しますが、基本的には予定通りで自然なことが多いです。ですので、契約更新や引っ越し、順当な昇格、異動などを示します。ネガティブなら、イレギュラーな変化です。アドバイスは流れに乗りなさい、変わりなさい、タイミングを見計らいなさい、などでしょう。

XX 審判 LE JUGEMENT

「運命の輪」と対照的に「審判」の変化は決定的です。逃れられない運命的な要素は、どちらかといえばこのカードの持ち味です。

「審判」の天使は、地上の人々に天啓を与えています。生死を繰り返す輪廻転生を表すのが「運命の輪」だとすれば、そこから解放されるべき時がやってきたのです。補完によって完成した魂が「一者」に還っていくことを祝福しているのです。そこから救いという象意が表れます。

しかし、ギルガメシュ王が手に入れた若返りの草を蛇に取られてしまったように、真の完成に至れずに再び輪廻転生の輪に戻っていく者もいるでしょう。

真の完成を迎えて「一者」や「神」となるか否か、その判決が下されるのが「審判」です。

一般的にこのカードはキリスト教の最後の審判の光景を描いたものとされていて、カードの象意の多くはそこに由来しています。人類が迎える究極の運命についての終末論的思想は、キリスト教に限らず他の文化や宗教にもみられますが、多くは神々の大戦争や劫火で世界が破壊しつくされるという内容です。

これは、生に対する死をもっとダイナミックにとらえたものだと考えることもできます。生まれては死に行く定めなのは人も世界も同じであり、世界が終末を迎えた後に光の国や神の世が到来するという発想があるのは、死を越えた先に希望があるとしたい人の願いや、この世の不条理や悪をなくして幸福になりたいという願いの表れかもしれません。

いずれにしろ、このカードはそれくらい大きな変化を意味しています。ですから、「審判」は、占いのテーマが精神的なら意識の大変革を表し、状況なら抗えない変化や人生の一大局面を表します。人生における終末的変化、それは自分の覚醒や悟りに他なりません。天啓に似たインスピレーションによって真理に気づき、完全な人になるのです。

「法王」と同じように、天使と地上の人物の視点の違いで、リーディングの内容や象意が変化します。

〔ポジティブ〕
大変化・決定・結果・告知・救い・発表・復活・陰に光があたる・覚醒・悟り・ニュースなど。

〔ネガティブ〕
受け入れがたい大変化や結果・一方的な決定・誤報・結果がはっきりしない・復活に時間がかかる・理解に時間がかかるなど。

感情面では、知らせたい・知りたい、助けてほしい・助けたい、決定したい・決定してほしいなどを表します。何かを告知されたり、発表したりする状況を表し、それによって気づかされたり、救われたりします。広告、メディア、報道などを示すこともあります。最後の決定なので、決定的な何かが起こることも暗示します。アドバイスは、気づきなさい、目を覚ましなさい、告知しなさい、大々的に発表しなさい、などでしょう。

XXI　世界　LE MONDE

21という数は、1～10と11～20のふたつの世界の二重構造を、1数が治める状態を表します。つまり、（10＋10）＋1で、「一者」が形而下と形而上の世界を統合しています。ここから宇宙を統べるものとして神という象意を持ち、ここにすべてがあることから完全という象意が出てきます。

日本では古来、神々の住まう〝常世《とこよ》〟の映しがこの現実世界あると考え、〝現世《うつしよ》〟呼んできました。あの世の映し鏡としてこの世があり、二つの世界は連動しているということです。肉体と精神が切り離せないように、二つの世界はひとつです。世界が二つに分かれても、再びひとつに還っていくのです。

また、21はタロットの中の最大値であり、これより上がないため、至上や至高という意味にもなり、真の完成、完結となります。

このカードの図柄からも、統べる者としてのイメージが容易にできます。一説には四隅の生物の存在は、宇宙世界を構成する四つの元素の火・地・風・水の象徴で、鷲が水を、天使が風を、獅子が火を、牛が地を表すといわれています。それを中央の人物が自在に操っているようにも見えます。

マルセイユ版では基本的に中央の人物が女性として描かれていますが、一番大事な部分がケープや月桂樹の葉で隠されています。この人物を女性と決めて見なさなければ、二つの世界を統べる完全なる一者として、性別を超えた存在だと解釈することも可能です。1数は原型《オリジナル》です。男性も女性も原型が分化したものと考えますので、その概念の上をいく存在ということになります。両性具有とも違います。

真の完成の先はありません。欠けていれば完全に向かって補完しようと動くのですが、ここに至っては動きません。ですから、終わりという象意が出てきます。

ところが、タロットは21枚で終わりません。まだ、「愚者」がいます。

〔ポジティブ〕

完全・完璧・至高・統治者・王家・完結・すべての中心・統一・統合・円・世界・世界規模など。

〔ネガティブ〕
完璧や至高に至らないまま・未完成・不完全・まとまりに欠ける・求心力を失う・ほんのわずかの傷など。

本当に完璧で完全なものは世の中にはありません。ただ、それに近いものはあります。完成度の高い作品、非の打ちどころのないことなどを表します。これ以上ないというところから、感情面では、完全に満ち足りた気持ちを表します。完全に力を出し切って思い残すことがない状態も当てはまります。状況なら、望んでいたことが完全な形で実現するとか、取り組んできたことが完全終了する、となります。「死神」は終わりを示しますが、次があります。「世界」はもう先がありません。目的を遂げて完全に幕を閉じます。アドバイスは、完璧・理想を目指せ、広い視野を持ちなさい、中心に立ちなさい、などでしょう。

（0）愚者　LE　MAT

愚者というカードには番号が振られていません。なぜなら、すべての原理原則から外れているため、数が示す完成に向けた成長変化のどこにも当てはまらないからです。
生きとし生けるものはすべて誕生してから成長し、死を迎えます。宇宙もまた、発生してから膨張し、収

縮に向かい、やがて消滅します。それらの過程には秩序があります。その秩序を乱し、因果関係を無視したものが「愚者」です。1～21の世界を超えていて、捉えどころのないものです。概念の外のものです。

　また、1数に始まった創造変化は9数で完成して10数に繰り上がり、また新たに1数から始まりますが、このサイクルは果てしなく続きます。タロットカードのⅠ（1）～XX（20）は魂の旅であり、真の完成を得られなければ再びⅠ（1）から旅を始めねばなりません。永遠に数がカウントアップされていくように、旅もバージョンアップしながら果てしなく続いていきます。やっとの思いで「世界」の示す「一者」に還ってそのサイクルから抜け出たとしても、単に立場が変わっただけのようなものでしかないのかもしれません。

　しかし、愚者はそこから解き放たれています。すべての想像と概念を越えたさらにその先のことで、見当もつきませんから無に等しいのです。

　けれども、無でもありません。宇宙の誕生前の状態を想像するようなもので、もっと言えば、なぜ誕生したのかと、その意義を考えるようなものです。

　ここから、超越した存在、解脱者という象意が出てきます。

　仮に、無の状態を、陰陽が混沌とした状態だとしましょう。例えば、すべての色が再現できる光の三原色を同じ明度彩度で照射して混ぜた場合、白色になります。ところが、どれか一つがバランスを崩したら、すぐに他色が現れて白色でなくなります。「世界」はこの白色の状態を象徴しているのです。対極するものを統治し、完全な調和を図っています。つまり、世界こそが無の状態なのです。「世界」は21であり、0でもあり、そこにすべてがあるのです。

そして、その完全なものが、予測不能な〝何か〟によって揺らいで万物が誕生したと考えます。この〝何か〟が「愚者」です。ここから、知ることができない〝何か〟という象意が出てきます。

「愚者」は「世界」の対に当たります。有に対して無にもなり、無に対して有にもなります。何がなんだかよくわかりませんが、それが「愚者」です。

「愚者」と「世界」を対にするなら、さらにそれをまとめる一者が存在して……と合わせ鏡のように果てしなく入れ子構造が続いていきそうですが、空想はここまでにしておきましょう。

〔ポジティブ〕

不可思議さ・ゆらぎ・常識を覆す・常識ではありえない凄さ・型にはまらない・変幻自在・解脱・超越・トリックスターなど。

〔ネガティブ〕

予測不能・奇妙・非常識・変わり者・愚かさ・流浪・逃避・放棄する・行方不明・秩序を乱す厄介者・

不可知・奇怪など。

本来はとてもスケールの大きい意味合いのカードですが、日常をテーマにする占いでは、奇妙さ、不思議さ、超越的な事柄を表します。感情面では旅に出たい、逃げ出したい、良くも悪くも非常識的なことを考えているといった感じを表します。状況は、突発的に変わったり、不思議な出来事に遭遇したり、ありえないような展開になったりします。他に、旅人、天才、家出人、行方不明者、失せ物を示します。アドバイスは、常識を越えよ、逃げなさい、旅に出なさい、すべて捨て去りなさい、などでしょう。

さて、ここまで大アルカナをファンタスティックに解釈してきましたが、実際の占いは日常生活の中の事柄がテーマになることがほとんどなので、テーマに沿って象意を解釈してください。

それでも、やはり根底に流れているダイナミックなイメージは忘れないようにしてください。

第二節　小アルカナ

スートと四元素

小アルカナの象意を考える上で、まずは四元素について説明しなければなりません。

第二章―第四節小アルカナ編の通り、小アルカナの象意は数とスートの象意を掛け合わせて導き出しますが、スートの象意はこの四元素を土台にしています。

古代ギリシャでは、世界がどのように形成され、万物がどのようにして存在しているかについて思索と研究が重ねられ、万物は火・地・風・水の四つの元素から出来ているという考え方が現れました。

本書では、その四元素をタロットの四つのスートに対応させています。これは一般的なタロット占いのシステムにも取り入れられていて、火を棒（BÂTON）に、地を金貨（DENIER）に、風を剣（ÉPÉE）に、水を聖杯（COUPE）に対応させています。棒のスートは火からイメージできるすべてが象意になり、他のスートも同様です。例えば、火は明るく熱を持つことから、活動的でパワフルな様子が棒のスートの象意になります。宮廷《コート》カードの棒のスートの人物（王・女王・騎士・従者）も活動的で目立つ性質を持ちます。

もちろん、火に対するイメージは人それぞれですので、象意も違って構いません。大切なのは、象意を導き出すプロセスを理解して、それを応用することです。

四元素の属性

四元素の属性については少し話が複雑になるので、ここは読み飛ばしていただいて構いません。

四元素は熱（Ｈｏｔ）・冷（Ｃｏｌｄ）・乾（Ｄｒｙ）・湿（Ｗｅｔ）のいずれかの属性を持ちます。二つの属性の組み合わせによって、ひとつの元素の性質を決定しています。

火は熱と乾の組み合わせで、熱く活発で乾燥させる性質を持ち、水は冷と湿の組み合わせで、冷たく不活発で湿らせる性質を持ちます。指先が乾燥しているとモノを掴めないように、乾は分離を表し、湿は密着を表します。水は生命の源ということから、湿は生命を育むことを意味しますが、乾はその逆です。「熱」は熱量の多さや拡大を表し、「冷」は冷たさや収縮を表します。まとめると次のようになります。

熱（Ｈｏｔ）は熱く、活発に動き、拡大、膨張するイメージです。

冷（Ｃｏｌｄ）は冷たく、不活発で、縮小、収縮のイメージです。

乾（Ｄｒｙ）は乾燥し、離れやすく、生命を育まないイメージです。

湿（Ｗｅｔ）は湿っていて、くっつきやすく、生命を育むイメージです。

スートに対応させると次のようになります。

棒　＝　火（熱＋乾）
金貨　＝　土（冷＋乾）
剣　＝　風（熱＋湿）
聖杯　＝　水（冷＋湿）

ここから、小アルカナのカードにスピード感や温度感を感じることが可能になります。たとえば、恋愛の行方を占って「棒」のスートのカードが状況や結果を表す場合、「すぐに盛り上がって進展するが、別れも早い」というようにリーディングできます。「金貨」なら「密接な関係になるのにかなり時間がかかる」とか、「剣」なら「一気に進展するが事情があって離れられなくなる」などとなります。剣の象意については後述しますが、困難というキーワードがあるのです。聖杯はなかなか進展しませんが一度くっついたら離れません。そんな風にイメージを膨らませます。

スプレッドの中に棒や剣が多ければ、動きが多くて展開が早いです。金貨と聖杯はスローペースです。剣と聖杯は情的で、物事に強いこだわりを持ちますが、棒と金貨はドライです。

属性はこんな風に応用してください。

スートの象意

スートは対応する四元素のイメージから象意を膨らませます。

占いは日常的な事柄を扱うことが多いため、本書では人の活動を感情・意思・行動・結果の四つのテーマに分けてスートに対応させています。まず、感情が先立ちます。漠然とでも何かを思って、次に動き出そうと決めます。休む場合なら休もうと決めます。そして、意思に従って行動し、何かしらの結果を手に入れます。

【棒】　火のイメージで、テーマは行動です。明るく、目立ちます。一度火がついたら、迅速にどこまでも広がっていくイメージから、素早く広範囲に拡大し、多くの人を巻き込んで、周囲に多大な影響を与えます。燃えた後は何も残りませんから、後のことを考えて動きませんし、何も残しません。見た目は良くても中身が伴いません。単純に華々しく動くイメージです。

【金貨】　地のイメージで、テーマは結果です。ほとんど動きませんが、時間をかけて確実な結果を生みます。冷静沈着な様子を表し、手堅く着実で、感情や雰囲気に左右されません。他とくっつきませんから、他人は他人と、ドライで淡々としたイメージです。〝物〟そのものを表し、他に環境や条件、価値や価値観なども表します。

【剣】　風のイメージで、テーマは意思です。思いを実現するには大なり小なり困難がつきものであり、図柄のイメージからも困難さや緊張感、争いやトラブルを表します。刃物を扱うのは簡単ではありませんから技術を表し、物と物を切り分けることから識別という象意をもち、ひいては知性を表します。状況に応じて動きを変える柔軟さもありますが、困難さを回避するためであり、いつも何かしらの思惑を伴いますので、軽さはありません。

【聖杯】　水のイメージで、感情がテーマです。形がなく無色な水は何にでも変化しますから、周囲の影響を受けやすく、定まりません。曖昧で漠然としたことを表します。論理的ではないので、どうなっていくか先が予想しづらいのと、周囲や環境に依存する傾向が強いのが特徴的です。愛情はもちろん、情的な関係や嗜好性も表します。

象意の導き出し方

第二章で紹介した通り、小アルカナの数札はスートと数字の各象意を掛け合わせ、宮廷《コート》カードはスートと人物の各象意を掛け合わせて象意を考えます。占いの最中に考えてもいいのです。象意と象意を掛け合わせて、自由に発想してください。

参考になるように、いくつかのキーワードを以下に紹介しますが、あくまで一部です。おおよその〝感じ〟を掴んで、自分で象意を増やしてください。

ポジティブな象意を○で、ネガティブな象意を●で表記します。基本的にネガティブな象意はポジティブの真逆にはなりません。ポジティブの意味合いがうまく働かない状態だとか、偏った状態だと理解してください。意味合いが弱すぎたり、強すぎたりすると考えてもよいでしょう。

ACE

始まり、大きなエネルギー、未熟さ、シンプル、オリジナル、大きなまとまり、などの1数の象意とスートの象意を掛け合わせて象意を考えてください。

棒のＡＣＥ

○熱く激しいエネルギー・動き始める・新しい動き・幼い動き・大きなムーブメント・シンプルに動く・大胆な振る舞いなど。

●荒々しいエネルギー・なかなか動き出さない・ぎこちない・見切り発車する・動きがまとまらない・動くのをためらうなど。

金貨のＡＣＥ

○結果が出始める・シンプルな結果や物・総合的な結果・小さな物・大きな集合体・大きな利益・小さな利益・新しい物・単純な物など。

●結果が出るのが遅れる・固まりつつある状態・シンプルすぎてつまらない結果や物・大きすぎる物・小さすぎる物・未発表の試作品など。

剣のＡＣＥ

○挑戦開始・大志・信念・ちょっとしたやる気・勝利・困難の始まり・大きな戦い・小さな問題・新たな課題など。

●怖気づいて一歩が踏み出せない・なかなかやる気になれない・信念を曲げる・敗北・困難の予兆・大きすぎる戦い・とるに足らない問題など。

聖杯のＡＣＥ

○愛情が芽生える・大きな愛情・小さな関心・個人的な感情・大勢の気持ちがひとつになる・シンプルな気持ち・独特な好み・新鮮な気持ちなど。

●愛情が芽生える一歩手前・大きすぎる愛情・関心が薄れる・冷めた感情・気持ちがまとまらない・面白みに欠けるなど。

２の数札

密着と分離、一対のもの、儚い、極端、静などの２数の象意とスートの象意を掛け合わせます。

棒の２

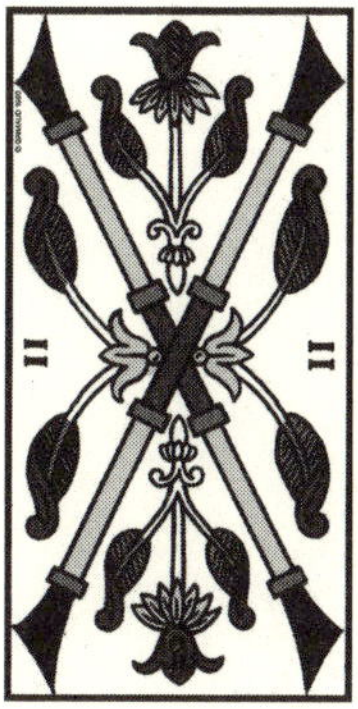

○受け止める・静かに動く・ペアで動く・くっつく・静と動にメリハリがある・握手・シンクロする・静止など。

●押し付けられる・身動きできない・離れる・静と動が極端・対立する・一方的に行動するなど。

金貨の２

○静物・静かな環境・物事が保留状態・対のアイテム・二当分した物・くっついた物・ナイーブな事物など。

●静かすぎる環境・事物が消えてなくなる・片割れ・カケラ・偏った歪な物・極端な結果・平行線の状態など。

剣の2

聖杯の2

○静かな戦い・静かな闘志・秘密・緊迫した空気・ライバル・共に戦うパートナー・休戦など。

●息をひそめる・一触即発の状態・決裂・裏切り・問題が膠着状態・裏の問題など。

○相思相愛・密接な関係・気持ちを受け止める・陰ながら想う・ナイーブな感情・共感など。

●気持ちが背く／離れる・相反する感情・執着心・気分のムラ・人に言えない気持ち・依存関係など。

3の数札

生産、繁栄、発展、成長、豊かさ　などの3数の象意とスートの象意を掛け合わせます。

棒の3

○活発さが増す・生産力・早い発展・増加・加速・成長・上向きになる・良い変化・創作活動など。

●動きが鈍い・生産力の低下・発展に時間がかかる・急すぎる発展・やりすぎる・変化が遅い・減速傾向など。

金貨の3

○物資的豊かさ・資産の増加・ゆっくり着実な発展・物の状態が変化する・開発するなど。

●物質的豊かさに欠ける・物が増えすぎる・資産の減少・生産に時間がかかる物・変化しにくいものなど。

剣の3

聖杯の3

○闘志が増す・生産的な戦い・緊張感が増す・突破・打開・切開など。

●困難が増す・戦いが激しさを増す・つっかかる・秘密が漏れる・なかなか突破できないなど。

○豊かな気持ち・楽しみ・喜び・愛情関係の進展・愛情が強まる・心の成長や良い変化など。

●気が乗らない・あまり楽しめない・素直に喜べない・愛情が強まるのに時間がかかる・感度が下がるなど。

4の数札

基礎、安定、完成、具現化、不動などの4数の象意とスートの象意を掛け合わせます。

棒の4

○守る・保護する・基本的な動作・慣れた動き・土台作り・落ち着く・出来上がるなど。

●中途半端に守ろうとする・平凡な動作・保守的な行動・行動が制限される・落ち着きに欠けるなど。

金貨の4

○事物や財を守る・固いもの・落ち着く環境・事物や財の管理節約・基礎部分・部屋・家屋など。

●ケチ・テコでも動かない・固すぎる・基礎部分がゆらぐ・事物の管理が甘い・落ち着きに欠ける環境など。

剣の4

○問題が落ち着く・安静にする・真剣に守る・冷静に戦う・正攻法で戦う・危機管理・格闘技のリングなど。

●困難な状況が定着する・内輪や家庭的な問題・冷静さに欠けた戦い・防戦するだけ・危機管理が甘いなど。

聖杯の4

○安心感・安定感・心が落ち着く・居心地の良さ・リラックス・家庭的な愛情・保護する気持ち・家庭・家族など。

●倦怠感・安心／安定感に欠ける・居心地の良さに欠ける・若干落ち着かない・怠け心・気の緩みなど。

5の数札

変化を求める、不安定、限られた自由、統括、従属、中間などの5数の象意とスートの象意を掛け合わせます。

棒の5

○冒険・遊ぶ・思うままに行動する・型を破る・じゃれ合う・賑やかにする・工夫を加えるなど。

●無計画な行動・ふらふらする・派手に喧嘩する・散らかす・乱す・いたずら・騒ぐ・余計なことをするなど。

金貨の5

○投資・アレンジしたもの・遊び心のある作品・妥協点・中間点・平均的な物など。

●物や財産が放置される・物が散らかる・望まぬ妥協点・不安定な環境など。

剣の5

聖杯の5

○挑む・意図的に変化を起こす・勝負やゲームを楽しむ・ブレーンストーミング・争いの妥協点・組織の上下関係など。

●トラブルを引き起こす・無理をする・遊びが本気になってのトラブル・口論・侵害・反抗など。

○好奇心・冒険心・遊び心・ワクワク感・平均的な愛情など。

●情緒不安定・動揺・どっちつかずの感情・中途半端な感情・反発心など。

6の数札

調和、バランス、美、混乱、環境、自然、迷う、流転などの6数の象意とスートの象意を掛け合わせます。

棒の6

金貨の6

○バランスよく動く・自然な動き・スムーズ・周りに合わせる・調整する・整う・ピポット運動的な動き・コミュニケーション・取引など。

●迷う・右往左往する・八方美人的な行動・流される・バランスを崩す・混乱する・降ってくる・割り込んでくるなど。

○物が巡ってくる・流通・取引の品・金銭のやり取り・自然環境・バランスよく美しいもの・リサイクルなど。

●事物が回ってくるのに時間がかかる・流通が滞る・環境がなかなか整わない・自然災害・バランスの悪いもの・紛れ込んだものなど。

剣の6

○駆け引き・互角の勝負・戦って平等や平和を得る・状況や相手の出方に合わせて戦うなど。

●問題が堂々巡り・横やりが入る・勝敗が決まらない・争いや混乱に巻き込まれて己を見失う・降って湧いた問題など。

聖杯の6

○バランス感覚の良さ・直感・霊感・自然な感覚・思いやりの気持ち・自然や平和を愛する気持ちなど。

●迷う・心理的な混乱・行き場のない思い・気持ちが流されやすい・間違った直感／感覚・三角関係など。

7の数札

欲、向上、前進、決心、知恵、コントロールなどの7数の象意とスートの象意を掛け合わせます。

棒の7

○勢いよく前進する・上昇する・のぼる・賢い行動・コントロールする・決心するなど。

●猪突猛進・欲張る・何も考えずに動く・飛び出す・前進に時間がかかる・制御に苦労するなど。

金貨の7

○価値が上がる・他より良い物や結果・環境がレベルアップ・主に物に対する欲・実績が上がる・戦利品など。

●望んだ結果が出るのに時間がかかる・価値が上がりにくい・質が高くない・経験不足・実績が上がらないなど。

剣の7

○勝ち進む・高みを目指して挑戦する・作戦・競争心・理想を掲げる・決意する・士気を高める・問題にうまく対処する・知識をつけるなど。

●勝利を得るのに苦労する・勝つためには手段を選ばない・負けず嫌い・問題にうまく対処できないなど。

聖杯の7

○興奮・夢見る気持ち・主に愛情に対する欲・感情をコントロールする・スッキリ感など。

●過度の興奮・妄想・気が進まない・後ろ向き・スッキリしない気分など。

8の数札

広大、長い路程、試練・強固・繰り返し・積み重ね・門などの8数の象意とスートの象意を掛け合わせます。

棒の8

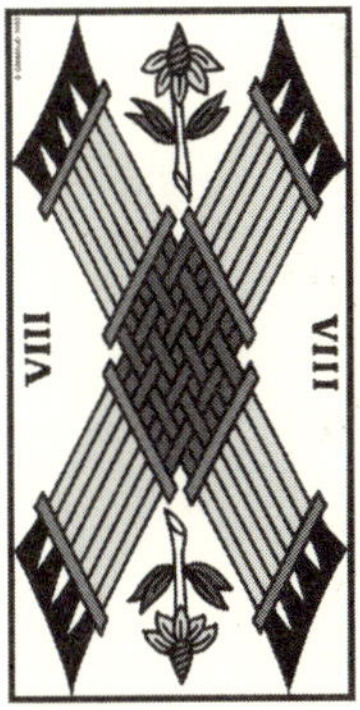

○繰り返す・続ける・努力する・幾重にも守る・先の長いことを始める・タフさ・覚悟を決めて頑張り続ける・体力があるなど。

●いつまでも同じ状態・動きが鈍い・努力が続かない・腰が重い・ダラダラ続ける・止められないなど。

金貨の8

○頑丈な物・物や経験を積み重ねる・連なる・シリーズ作品・階段・ゆるぎない財力・貯蓄・長期的な投資など。

●固すぎる物・不規則・不連続・無駄に長い／多い・長さが足りないなど。

剣の8

○戦い続ける・長期的な問題や課題・鉄壁の守り・訓練・鍛錬・前人未到に踏み入るなど。

●逆境・問題が長期化する・困難を伴う長い路程・隙がなさすぎる・危険区域に踏み込むなど。

聖杯の8

○忍耐・我慢・思い続ける・あきらめない気持ち・気長さ・強い気持ちなど。

●気持ちが重い・嫌な気分が続く・あきらめきれない・重すぎる愛情・批判的な気持ちなど。

9の数札

最高、完成（個人的）、到達、行き詰り、限界、奇抜、複雑など9数の象意とスートの象意を掛け合わせます。

棒の9

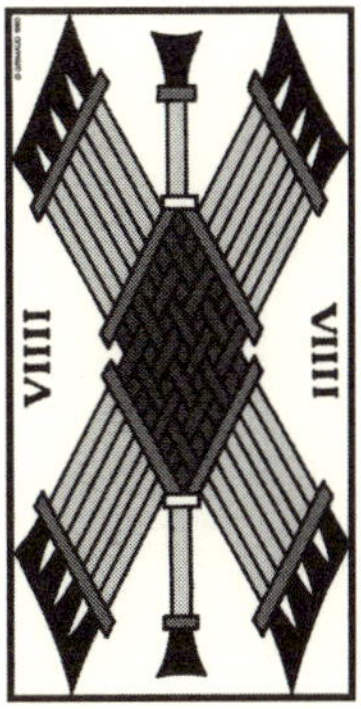

○達成する・洗練された動き・限界を超える・ひとりですべてをこなす・難易度の高い動きなど。

●達成に時間がかかる・奇妙な行動・オーバーヒート・行き詰まる・独りよがりな行動・複雑な動きなど。

金貨の9

○最高の価値／環境／結果／経験／収益・高価な品・最高の品質・目標物・完成形・個人の資産・素晴らしい才能など。

●最高でも若干傷がある品／環境／結果・無用の長物・分不相応の品・高価すぎる物・現在がピークでやがて価値がなくなる物・奇妙な物・複雑な事情など。

剣の9

○最後の問題や課題・限界に挑む・苦労して達成する・特殊技術で限界を超える・知の巨人・達人など。

●非常に困難で複雑な問題・苦痛の極み・満身創痍でも無理をする・過度のプレッシャー・サイコパスなど。

聖杯の9

○最高の喜びや感動・達成感・感極まる・自分なりに満足・この上ない愛情など。

●感情や感覚が限界点を越える（キレる）・自己満足・不満・複雑な感情・奇妙な感覚など。

10の数札

全体、大規模、大きい単位、公的、完成（全体的）など10数の象意とスートの象意を掛け合わせます。

棒の10

○スケールの大きな動き・集団行動・社会的活動・公的な行動・全体的な動きなど。

●動きが大きすぎる・集団の暴走・個人の考えがなく周りに同調するなど。

金貨の10

○公共事業・公的資金や財産・莫大な富・社会的環境・大自然・スケールの大きな物・共通の価値観で結ばれた集団など。

●公的資金が無駄に使われる・汚職・大きすぎる物・廃墟ビルなどの大きな残骸・大規模な良くない環境など。

剣の10

聖杯の10

○団体戦・一致団結して挑む・社会問題に取り組む・特殊技能集団・精鋭部隊・共通の志を持つ集団など。

●社会問題・規模の大きな争い・大きすぎる問題・戦争・問題を起こす集団組織など。

○大きな愛情・博愛・平和・大勢の人の想い・万人に共通の感覚や感情・血族集団・普遍的な感情など。

●広く浅い愛情・かろうじて保たれている平和・一部の地域でのみ共通の感覚や感情・集団ヒステリー・世代感覚の違いなど。

第三節　宮廷カード

象意の導き出し方

宮廷《コート》カードは、主に人物像や性格などを表すカードです。象意はスートと人物の各象意を掛け合わせて考え、導き出します。

参考になるように以下解説しますので、おおよそのイメージを掴んで自由に発想してください。

スートによる特徴

スートごとに、人物の共通点があります。

【棒】

大雑把で勢いが良く、何事もやることが早いのが特徴です。悪く言えばガサツでせっかちですが、全体を把握する能力は高く、面倒くさがる割に大抵のことを難なくこなす要領の良さがあります。つまずくことがあってもしつこく考えず、さっぱりしています。

反面、何をするにも後先考えず、やりっぱなし。自分の行動に責任を持たず、他の人に後処理を押し付けたりします。カッとなりやすく、時々暴言を吐いたりしますが、カラッとしています。リアクションや声が大きく、サービス精神から話を誇張する傾向もあります。

要するに、目立ちたいのです。そのため、人脈やコネクション作りに生きがいを感じ、注目されるように自己演出します。「すごい！」「さすが！」と、褒められることに生きがいを感じるのです。ハッタリも平気でできるタイプ。

自分のために人を利用する欠点がある一方、面倒見も良いのですが、根底には称賛されたいという願望があります。人の視線や評価が棒の人物にとっての原動力なのです。

隠しごとを嫌うオープンな性格ですが、開けっ広げで情緒に欠ける場合があります。

リーダーや中心的人物になるのが好きで、無視されるとかなり攻撃的になり、自分に非があっても反省せず、すぐに他のことを考えています。

【金貨】

何事にも、価値があるかどうかを重要視するタイプです。仕事に対するやりがいや義理など、感情的なことに対する関心が薄く、得られる結果が大事なのです。人付き合いも、好き嫌いの感情は二の次で、交際に価値や意味を求めます。行動はスピーディではありませんが、着実で堅実。望みのためならプライドは問題にならず、打算も平気。傷つくようなことがあっても常に客観的で、損得や条件、理屈で立ち直ります。

その反面、主観的になりにくく、感情を高ぶらせることに自然とブレーキをかけてしまいがちです。冷静でクールな態度に見えるのですが、実は単に感受性が鈍いだけかもしれません。ですから、マイペースとか、何を考えているかよくわからない人という印象を与えてしまいます。

しかし、面倒な感情を持ち込まない良さがあります。ドライな感覚の持ち主で、いつもどこか人と一線を引いています。苦手な人がいても感情的になりません。自分とは別の人種だと割り切ります。棒の人物と対照的で「他人は他人、自分は自分」なのです。他人にも自分にも必要以上の期待をせず、必要以上の関係も持ちません。

しかし、利益や価値が絡めば話は別です。場合によっては、アンフェアな行為をとっても願望を実現し、後ろめたさは別のことで埋め合わせて帳消しにしようと考えます。

高い観察眼と論理的思考能力を持ち、きっちりして凡ミスをしないタイプです。

【剣】

自他ともに厳しく、激しい闘争心の持ち主ですが、一途でまじめです。良くも悪くも細かい性格で、こだわりが強い傾向があり、中途半端さや狡さを嫌い、何事に対しても全力で徹底的。少々やりすぎる傾向がありますが、熱い心を持った人物です。

物事の考え方が極端な面があり、白黒ハッキリさせないと気が済まないのですが、策略としてならグレーな状態でも我慢できます。慎重なタイプが多く、めったやたらに動き回りませんが、いざという時はどのスートの人物より迅速に行動します。

核心を突いた一言をズバリ言うタイプです。ストレートすぎる言動に、冷たいとか、とっつきにくい印象を与えがちですが、味方や仲間をとても大切にします。しかし、自分と違う考え方の相手には容赦なく厳しく攻撃します。他人の責任も自分の責任であるかのように感じてしまう損な一面がありますが、嫌いな人間を排除したがる傾向があります。

フェアを好む反面、相手を出し抜く策も考えているような二面性を持っています。しかし、やはりアンフェアは自己の信念に反するので、思い通りになっても後で自己嫌悪に陥る損なタイプです。

元来は主観性が強いのですが、高い知性で客観的にもなれるので、いつも内的に矛盾を抱える気難しい人物です。

こだわりが強くてしつこく、思い込みが強く、攻撃的、嫉妬心が強いなどが欠点ですが、この徹底的な粘着性が成功の原動力なのです。


【聖杯】

理屈よりも感覚や感情を優先するタイプで、何事も快か不快かで判断します。楽しいことには積極的でも辛いことは一切やらずに逃げ出すタイプですが、感情が高ぶれば周囲の制止を振り払ってでも思いを遂げるパワーも持っています。土壇場での直感力や感覚の鋭さはピカイチです。

論理的に考えることが苦手で、安易な方に流されやすく、危うい性質です。正確に状況を把握できないので、自分の都合の良いように捻じ曲げて考えがちです。

たとえ表面的でも楽しい雰囲気を好み、嫌な空気や争いを避けますので、ソフトな印象を与えます。気楽で楽しそうですが、きっちりすることが苦手なので、少しだらしのない一面があります。

他人と自分の境界線がなく、他人のことを自分のことのように思うほど同情的になれる良さがありますが、公私混同する欠点もあります。

常に言葉より感覚が先行するので、表現が感情的で稚拙な傾向があります。自分の話をしても相手の話は聞きません。聞いていても正しく理解できないことが多いようです。そんな欠点から、善人の顔をしたトラブルメーカーという存在になりがちです。いわゆる、「悪い人じゃないけど、コマッタちゃん」です。

よく考えもせず、いつも状況と感情に左右されて流されるままに動いています。本能的で誘惑に弱く、楽な生き方を求め、常に誰かを頼る傾向があります。

階位による人物の象意

王はリーダーや成人男性を表し、女王はサポート役や女性を表すなど、宮廷内の階位・ヒエラルキーを各カードの人物の立場に当てはめています。

また、王は男らしく、従者は幼いなど、人物の性質も表しています。

王	立場	成人男性　父　父親的存在　長　責任者　独立した人物　達人　など
	性質	独立　自信　プライド　頑固　強い　理性的　支配的　人を動かす　など
女王	立場	女性全般　母　姉妹　母や姉妹的存在　次長　支える立場の人　など
	性質	母性　従う　育てる　愛する　守る　感情的　など
騎士	立場	青年男性全般　兄弟　兄弟的存在　同じ立場の人　実践者　伸び盛りの人　など
	性質	積極的　好戦的　上を目指す　忠誠心　競争心　尊敬する人の下につく　など
従者	立場	子供全般　立場が弱い人　年の離れた兄弟　新人　未熟な人　など
	性質	未熟　視野が狭い　依存する　弱い　純粋　単純　など

宮廷カードの人物像

スートと前ページ表のキーワードを掛け合わせたものが宮廷《コート》カードの象意です。

たとえば、「棒の王」は〝成人男性〟と棒のスートの象意、または棒の人物の共通点を組み合わせてイメージを膨らませます。すると、短気だが行動力のある頼もしいリーダーなどのイメージが出てくると思います。

以下のカードの解説を参考にしてください。

王のカード

棒の王

頭の回転が速く多才で、スピーディーに目標達成する実力者。細かいことは気にせず、目標に向かって一直線。優れた行動力のリーダー的存在。雄弁で、外交手腕に長けています。自信家で断定的に話をする癖があり、何事に対しても即断即決します。

棒の人物はスポットライトを浴びて人に評価されることを好むのですが、棒の王は特にその傾向が強く、社会的成功に向けての情熱とパワーは計り知れないものがあります。

しかし、マイナスに働くと、周囲を巻き込むなど影響力も大きい分だけ厄介です。エキサイトしやすく、目標を実現するためには何でもするようになり、人を駒のように利用し、気に食わないと暴言や暴力的行動にでます。自分が正しいと信じ、周囲にそれを強要します。

また、行動が迅速である分、周囲への被害も早くはっきり現われます。

金貨の王

経済観念が高度に発達し、人や物事をまとめる力にも優れた人物。夢や理想よりも実利的な考えを優先します。豊富な知識と経験で時流を冷静に見極め、無駄がありません。

大きな利益や財を手に入れて人にも分け与えるため、多くの人が集います。そのため、大組織の代表者などを表すことがあります。

体験的に学んできたことをすべてデータとして頭の中にインプットしているので、始める前から結果や結論を計算し、行動します。最も失敗の少ないタイプで、大物という言葉がふさわしい人物です。

マイナス要素が強く出ると、実利的な考え方に偏り、貪欲やケチ、変化を好まない保守的な性格になります。横柄で、時代錯誤的な考えの持ち主。立場を守るために汚職や権限の行使もためらいません。

剣の王

頭脳明晰で、特殊技能の持ち主。状況を冷静に分析し、法則や原理を当てはめて考えます。他人にも自分にも厳しく、何事対しても徹底的。曖昧さや甘えを許しません。真っすぐな一面があり、嘘や取り繕いを嫌います。人の意見に左右されることはなく、孤独な立場に立たされても絶対に信念を曲げません。

たった一人で大きな困難や苦労を乗り越えてきた人物を表す場合があります。厳しいけれども深い愛情と熱い心を持ち、いざという時には全責任を一人で背負って人を守る信頼できる人物です。

マイナス要素が強いと疑い深く、目的のためには手段を選ばない冷酷なタイプになります。常に争って神経を尖らせ、誰であろうと関係なく執拗に攻撃します。

聖杯の王

すべてを肯定して受け入れる父親的存在です。無償の愛を与える人道主義者。優しく寛容で、そこにいるだけで人を和ませ、安心させる力を持っています。

争い事を嫌い、人を押しのけてまで出世はしたくないと思うタイプで、仕事以上にプライベートを重視し、のんびり好きなことをして豊かに生活することを好みます。家族や仲間を思いやり、人を大切に考えるので誰からも慕われ、広い交友関係を持ちます。

マイナス要素が強いと、優しいだけで頼りなく、優柔不断で冴えません。優しそうに見えても、いざという時に逃げ出す無責任な人。いい加減で、信頼できません。会社員に例えると、仕事ができないのにイベントごとだけ張り切る上司や〝窓際族〟のイメージです。

女王のカード

棒の女王

積極的で自己顕示欲が強い女性です。人の視線を常に意識しているので、明るく華やかで、お洒落。自分の個性や才能を強くアピールしてきます。

自信ある言動は頼もしく説得力があり、〝姉御肌〟で面倒見が良く、自分からまわりに声をかけて歩きます。良くも悪くも大雑把で、頼りにされることが嬉しいわりに人の話を丁寧に聞きませんが、明るくパワフルなので、話しているだけで元気になります。

行動派でやることが早く、いつも忙しくしています。頑張り屋で有能と評価をされ、本人にとってそれが活力源。評価が気に食わなければ落ち込むどころか、評価されないことを攻撃的に非難します。

マイナス要素が強いと、虚栄心やプライドが高く、傲慢、強引で身勝手なタイプになります。

金貨の女王

とても芯がしっかりした人物で、絶対的な自分の価値観を持っています。感情よりルールを重んじるタイプ。どんな状況でも冷静です。

物を育み、人を教育することが得意ですが、愛情と同じくらいルールを重んじます。厳しい母親や先生のイメージです。

きっちりした性格で、情に流されないタイプ。時には無情な人、冷たい人と思われることもあるかもしれませんが、秩序が乱れることでの弊害を誰よりもよく理解しているのです。

物事の表裏を知っていて、本質を見抜く目を持っています。

マイナス様子が強く出ると、自分の価値観を強要したり、ひどい偏見で差別的な発言をしたりします。誰とも親しくせず、自分に有利なことばかり考えるようになります。

剣の女王

鋭い観察眼を持ち、正確に評価する能力に優れています。非常に慎重なタイプ。過去に失敗や悲しみを知っているがゆえに、何事に対しても警戒し、楽観することがありません。傷つきたくない、失敗したくないと思って、いつもどこか緊張しています。その分、誰よりも真っすぐで全力です。

愛情表現に乏しいが、命懸けで一途です。中途半端なことや、曲がったことが嫌い。自制心も強く、羽目をはずすこともしません。

愛情深いのですが、一生懸命すぎて重たくなる傾向があります。

マイナス要素が強いと、一途さが執念深さや強い執着心に変わります。理想が高すぎて妥協ができず、失敗を恐れて何もできません。勝つか負けるか、生か死か、考え方が極端。行動が過激で周囲には理解できません。

聖杯の女王

多くの場合、母性を表し、男性にとっての恋人や意中の人を表します。

愛情を注ぐことに喜びを感じる世話好きな人物。家庭的で、かわいらしく、素朴で優しい雰囲気です。困っている人を放っておけず、自分のことを顧みずに助けます。

行動範囲は広くなく、あまり社交的でもありません。来る人は拒みませんが、去る人に対しては猛烈に悲しむタイプ。

感性に優れ、感情が豊か。〝女の勘〟という言葉のように、鋭い直観力の持ち主。

マイナス要素が強いと、視野が狭く、世の中の動きに疎い世間知らずなタイプになります。感情的で言動がオーバー。一方的な愛情を押し付けてきます。わがまま、気まぐれ、嘘つき、しつこいなどといった性質になります。

騎士のカード

棒の騎士

交友関係が広く、いつも大勢の友人に囲まれていますが、いつも誰かに気にしてほしいと思っています。共通の目的や考え方を持つ仲間や集団そのものを表すこともあります。

新しいものが好きで、常に最新の流行をチェックしています。既成のものを否定して新しいものを作り上げるパワーを持っています。誰にも先を越されまいと、後先考えずにアクションを起こします。理想を実現し、広げたい。そのためには仲間は必要だと考え駆け回ります。ノープランでも、何とかしてしまえる要領の良さと機転があります。

わざと強いものに挑戦的な態度をとったり、議論を投げかけたりする面もありますが、人なつこい一面もあり、とにかく物言わずして存在をアピールしてきます。

マイナス要素が強く出ると、手を広げるだけ広げて、途中で投げ出す飽きっぽい性格になります。魅力的な話で仲間を集めても、結局馴れ合いに終わらせてしまいがち。

また、気にしてもらいたくてアマノジャクなことをしたりします。中心にいたがり、気に食わないと暴言を吐いたり、当たり構わずケンカを吹っかけたりします。

金貨の騎士

この人物のキーワードは〝個人的充足〟と〝ゆっくりした成長と鍛錬〟です。興味のあることにとても深い知識を持っていますが、それ以外には無関心。周囲からどう思われようが関係なく、自分が納得できればいいのです。オタク的なタイプ。

まわりも時間も気にすることなく相当にマイペースですが、着実に結果を出します。急な変化に対応するのが苦手で、自分のルールにもこだわるので、融通がきかない頑固者と誤解されがちです。出社しても、挨拶もそこそこで黙々と作業に取り掛かる技術者や作業員のイメージです。

まわりの影響を受けない分、いつも淡々としていて冷静です。

マイナス要素が強く出ると、興味が偏って人とコミュニケーションが取れないとか、協調性がない、こだわりすぎてまわりへの迷惑を考えられないといった性質になります。

剣の騎士

まさに戦う騎士のイメージです。大切なもののために勇敢に突進し、全力を尽くします。あらゆる障害を正面突破で打ち破ります。条件だけでは決して動きません。いつも強い信念をもって夢や希望を追い求めています。

上下関係に厳しく、規律を重んじる傾向があります。強烈な好奇心を持ち、いつも刺激を求めていて、力を試せる場を探しています。戦いの場でこそ、本来の実力が発揮できるのです。本番に強いタイプですが、事前に準備を怠ることはありません。誰より準備に余念がなく、練習熱心です。

マイナス要素が強く出ると、主君を失った浪人のようなもので、実力を発揮する場がなくていつもイライラしています。自分は誰より優秀で実力があると思い込んで、何もやらなくなります。

また、やることが突然すぎる、負けず嫌い、プライドばかり高くて実力が伴わないという性質になります。

聖杯の騎士

とてもソフトで優しい雰囲気を持っていて、芸術的才能に恵まれ、美的センスが高く、魅力的。仕事より遊びが好き。職場をプライベート空間にしてしまう癖があります。

女性にとっての恋人や意中の人。

激しい闘争心と優しさの両面の精神性を備えているので、人の表と裏を本能的に理解でき、また、感情に裏表があります。心の中に天使と悪魔が同居しているのです。

人の欠点を許せる優しさを持っていますが、同時に自分にも甘いタイプ。面倒なことを嫌うので、バランスの良い無難な人間関係を築きます。

マイナス要素が強くでると、考えが甘い、闘争心がない、移り気、頼りないなど、浮ついた人物になります。

また、普段は隠れている激しい感情が爆発して、セーブが効かなくなります。

従者のカード

棒の従者

カードには、自分の背丈ほどもある棒を握っている子供が描かれています。高く持ち上げられないからといって、悲しんでなどいません。自分に力がつく時が来ることを知っていて、その時を待っているのです。それまでにいろいろと考えたり、成長して立派になった自分の姿を想像したりして胸を膨らませています。良くも悪くも目の前の現実を直視せず、可能性に目を向けている人物。楽天的で子供っぽいように見えて、実は大きな野心を抱いています。

力のある新人やルーキーを表します。人懐こくて可愛いけれど、どこか生意気なタイプ。

マイナス面が強く出ると、現実逃避しやすく、現実離れした夢を追い求めて生活に困窮するような人になります。何かを成し遂げるには力不足なのに、そんな現実に見向きもせず、すでに一人前のような顔をして、大きなことを言ってはばかりません。

金貨の従者

この人物のキーワードは〝未経験〟と〝学習〟です。

カードには、形あるもの（金貨）を手にしたばかりの子供が描かれています。その価値を判断するだけの経験も知識も未だありませんが、ここから学習が始まるのです。

何もない分、純粋にものを見ることができるので、確かな観察眼を持ちます。学習能力が高く、昆虫や天文など、自然に対する関心が高いのも特徴的。

経済観念もしっかりしていて、コレクションや貯蓄を好みます。

幼い雰囲気ですが、理屈っぽく、ちゃっかりしていて、子供っぽい割にあまり可愛げはありません。

マイナス要素が強く出ると、物を大切にしないで平気で捨てる、成長が遅い、物へのこだわりが強すぎる、経験不足となります。

剣の従者

繊細な感覚の持ち主で、非常に頭の良い人物。いつもアンテナを張って、周囲を用心深く観察しています。信用できる情報を得るなど、確信がなければ一歩も動きません。慎重で、心を開くまでに時間がかかる人でもあります。

細かい規則もきっちりと守り、やることの一つ一つが丁寧です。機敏で、隙がありません。

一方で、物事をゲーム感覚で楽しむドライな面を持っています。臆病な割に、駆け引きをするタイプで、戦略がヒットするとクールな顔をして心の中でバンザイしています。

マイナス要素が強く出ると、細かい性格が裏目にでます。どうでもいいことに神経質になり、疑心暗鬼でいつもピリピリしています。裏表のある性格で、いざという時に裏切ることも。大して意味のないことを秘密にしたがる癖があります。

聖杯の従者

空想好きで、寂しがり屋。好きになるよりも、好きになってもらいたいタイプです。純粋ではありますが、精神的には未熟で、幼さが抜けていません。現実と夢の境界が曖昧で、夢見がちです。

ぼーっとしていて、つい手を差し伸べたくなるような雰囲気を持っています。甘え上手で、害がないのでみんなから可愛がられます。その反面、甘く見られ、馬鹿にされることも少なくありません。その場合でも正面から立ち向かわず、泣いて騒ぐか、誰かに言いつけて終わりです。他に楽しいことがあれば、嫌なことも簡単に忘れられます。

非現実的なキャラクターに本気で恋をしたり、好きな相手を誇大評価したりする癖があります。

マイナス要素が強く出ると、愛情不足、簡単に騙される、妄想癖がある、寂しがる、様々な面で力不足に感じて何かに依存するようになります。

宮廷《コート》カードが状況を表す場合

宮廷《コート》カードは基本的に人物の外的特徴や性質を表しますが、その他に状況も表します。第二章―第八節の成長の4段階でも触れましたが、4段階で完成するという考え方を宮廷《コート》カードに応用します。具体的には、王を4数の完成の段階とし、従者を1数の始まりの段階とするのです。女王と騎士は少し無理があるのですが、女王（王妃）は王に次ぐ階位にあり、女性性と受動の原理を当てはめて2数とし、勇ましく活躍する騎士を3数に当てはめます。

まとめると表のようになります。

王	完成する　達成する　容易に変化しない状況　結果が出る　まとまる　など
女王	暫定的な状況　一時的な結果　落ち着いても状況次第で変化する　など
騎士	進む　変化する　一方向に進む　方向が決まる　など
従者	始まったばかり　曖昧な状況　先がわからない状況　未発達　など

例えば、仕事や恋愛の状況を占って「王」のカードが出たら、何かしらの結論や結果がでるとか、落ち着くなどと解釈します。その結果のスピードをスートのニュアンスが示します。「棒の王」はスピーディーで、「金貨の王」はスローという感じです。どちらも目的達成するとか、落ち着くという解釈になります。

「聖杯の女王」なら、もともと流されやすいスートな上に状況次第で変化するので、落ち着いても油断できません。

病勢を占って「騎士」が出たら、病気の勢いが増すので病状が悪化します。回復を占って「騎士」が出たら回復に向かいます。「騎士」は質問の内容が〝進む〟〝変化する〟のです。

収益や臨時収入を占って「従者」が出たら、期待外れになることが多いです。入っても少額でしょう。

このような使い方もあるのだと、覚えておいてください。

宮廷《コート》カードは、1枚で外見・性質・状況の三つの切り口から判断できるので、使いこなすのは容易ではありません。最初は、宮廷《コート》カードが表すのが人物の外見なのか、性質なのか、それとも状況なのかと、どれか一つの切り口でとらえると良いでしょう。

また、宮廷《コート》カードの人物がキーパーソンであると解釈しても構いません。「棒の王」が状況を左右するといったニュアンスです。

どの切り口からの解釈がもっとも質問に合っているか、ケース・バイ・ケースで考えてください。

大アルカナが人物を表す場合

質問の内容により、人物が描かれた大アルカナも具体的な人物像を表します。

「女帝」なら美しく華やかな女性や人物とか、「皇帝」なら年上の男性や信頼のおける人物といった具合です。性別を限定せず、~的な人としても良いでしょう。以下に簡単な例を挙げておきます。あくまで一例です。

愚者　天才・自由人・旅人
魔術師　話し上手な人・クリエイター・役者
女司祭　物静かな人・神秘的な人・巫女
女帝　美人・魅力的な人・社長・女優
皇帝　実力者・信頼できる人・社長
法王　指導者・道徳的な人・聖職者・会長
恋人たち　協調性の高い人・優柔不断な人・霊媒師・仲介業
戦車　若者・実力者・社長の後継者
正義　厳格な人・警察・司法関係者
隠者　思慮深い人・師範・学者
運命の輪　変化を好む人・規則正しい人・ルート営業・タイムキーパー
力　勇気のある人・信仰者・偉人
吊るし人　慎重な人・犠牲的立場の人・修行者

13番　極端な人・思い切りがよい人・葬儀／再生業者
節制　優しい人・控えめな人・介護／保育士
悪魔　威圧的な人・独特の雰囲気の人・フィクサー
塔　過激な人・失敗者・音響／電気関係者
星　天真爛漫な人・感情が豊かな人・風俗関係者
月　忍耐強い人・掴みどころのない人・作家
太陽　明るく元気な人・成功者・高級官僚
審判　救済する人・気づき目覚める人・メディア関係者
世界　完璧な人・世界規模の人・王族

第四章

サンプルリーディング

第一節　展開法とサンプルリーディング

リーディングはカードから質問の答えを見つける作業です。詳しいことは第二章で説明しています。ここでは、展開法（スプレッド）と共にリーディングのサンプルを紹介しましょう。スプレッドの並べる順番や置き方は自由に決めてください。

ワンカード

シンプルな答えが知りたい時に適したスプレッドです。質問を細かく絞り込むことが良いリーディングのコツになります。78枚から1枚を展開します。

質問　希望する会社に入社できますか。

法王

入社が可能か否かだけを質問しています。いい会社かどうか知りたい場合は改めてカードを引いてください。シャフルからやり直しても良いですし、残ったカードを使っても構いません。

さて、「法王」が出ています。組織に入るという象意から、占いの結果は入社できると判断します。逆位置の場合でも可能性はありますが、偏ったニュアンスになるので、ハードルが高いか、驚くほど簡単に採用されるかのどちらかです。場合によっては正当な手続きを踏まないかもしれません。

逆位置は真逆の意味にはなりませんので、不採用になると簡単に判断しないでください。何かしらの努力や改善をすればポジティブな意味になる可能性を秘めていることをお忘れなく。

ところで、同じ質問で「聖杯3」ならどうでしょう。

聖杯3

ビジネスの質問に愛情や感情がテーマの聖杯が現れました。この場合は視点を変えて、感情やモチベーションが答えのキーワードになります。

「聖杯3」は喜びを表すので、入社できると判断できます。あるいは、聖杯のスートの持つあいまいさや流されるイメージから入社の可能性が低いと判断しても構いません。

答えは一つでないのがタロット占いの難しいところですが、自分でピンとくる答えを採用してください。不思議とそれが一番〝当たる〟のです。

質問にカードのテーマがマッチしない場合

質問のテーマとカードのテーマが一致しないことがあり、初心者がつまずく原因になっているようです。例えば、恋愛の質問で愛情をテーマにしているのに、聖杯以外の小アルカナが出た場合に答えに困るというのです。

このような場合は、逆に、出現したカードのテーマが恋愛に大きな影響を与えると考えてください。金貨が出たら愛情よりも条件やバックグラウンドに注目すべきなのです。「相手は自分を愛していますか?」と質問して聖杯が出れば答えは簡単ですが、金貨が出た場合、相手は条件的な面で自分を見ているとか、ビジネスの相手と見ているとなります。棒の場合は、愛情よりノリの良さや恋愛という行為そのものに関心があるのです。剣の場合は事情があって難しく感じているとか、近寄りがたく感じているといった感じでしょう。

仕事の質問で聖杯が出れば、やりがいや人間関係に注目してください。金貨なら当然、条件や結果など仕事に直接関係すること全般です。剣なら課題や信念、棒なら行動や対人関係がキーになってきます。

ツーカード

原因と結果、二者択一など対比させて答えを出すのに適したスプレッドです。78枚から2枚を展開します。

質問　新しい治療法を試すことにしました。病気は回復するでしょうか。

剣9

〈現状〉

↓

審判

〈結果〉

「剣9」が現状を示しますが。ひどく苦しんでいるか懸命に病と戦っている様子を表しています。「審判」は治療の結果や効果を表しますが、救いと復活を表すので回復するでしょう。効果ははっきり表れるはずです。小アルカナから大アルカナへとカードの示す重要度が上がっているので、効果が大きいと考えられます。

質問　どちらの部屋を借りると良いでしょうか。

聖杯２

〈物件Ａ〉

金貨10

〈物件Ｂ〉

質問者がどのような物件を望んでいるかによりますが、「聖杯２」は相思相愛の象意から、物件Ａをとても気にいるか、居心地よく感じるでしょう。

「金貨10」は大きな富や大きな物の象意から、立派で住む価値がある物件だと感じるでしょう。どちらも良い物件です。

大アルカナと小アルカナの違い

大アルカナは心理的にも状況的にも影響やインパクトが大きい事柄を表し、それに対して小アルカナはもっと軽いニュアンスです。例えば、「皇帝」と４の数札はともに安全を意味しますが、「皇帝」の安全度に比べれば４の数札はやや劣るのです。大企業のセキュリティシステムと家庭の防犯システムを比較するようなものです。

また、小アルカナは大アルカナの子分のような役割を担います。例えば、相手と自分の気持ちを占って1枚ずつカードを出し、相手の気持ちに「皇帝」が、自分に「聖杯4」が出たとすると、互いに同じ気持ちということになります。78枚の中に「皇帝」は1枚しかありません。奇妙な話ですが、タロット側が、もう1枚「皇帝」を出したくても出せないので「聖杯4」で代用してくるのです。

もちろん、大アルカナの方が相手を思う気持ちが強いとリーディングしても良いでしょう。

また、スプレッドの中に大アルカナと同じカテゴリーの数札がまとまって現れた場合は、大アルカナや数字の意味を強調します。7枚使うスプレッドで、「皇帝」と4の数札のカードが2枚以上枚現れたら、安全や責任などの象意が殊更に強まるのです。

コンビネーション

一つの質問に、2枚セットで一つの答えを出す方法です。

動詞と形容詞的、動詞と名詞的に組み合わせるもので、例えば、大きな富を意味する「金貨10」と浪費を意味する「星」を組み合わせて多額の浪費と解釈します。少しひねれば、大豪遊という解釈も可能です。

星

＋

金貨 10

＝ 多額の浪費・大豪遊など

質問　収入を増やすためのアドバイスが欲しい。

隠者

金貨 10

「隠者」と「金貨10」を組み合わせてイメージします。

宝の山を見つめる老賢者です。知識や目の前の宝をどう生かすかを考えているように見えます。そこから答えを考えます。財産を専門家に託して投資するなどすると良いでしょう。また、金融に関する専門知識を勉強するのも効果的です。

質問　どんな仕事が向いていますか。

「魔術師」は人を楽しませようとしているエンターテナーです。「聖杯A」は純粋さ、大きな愛です。両カ

聖杯Ａ

魔術師

ードとも1数のカテゴリーですから、新鮮さが強調されます。

人を純粋な気持ちにさせ、楽しませることができる仕事や、全く新しいことを提供する仕事、人前に出る仕事、クリエイティブな仕事などが良いでしょう。

質問　今日の打ち合わせはうまくいきますか？

恋人たち

聖杯３

コミュニケーション、調和、インスピレーションなどを象意に持つ「恋人たち」と、喜びや楽しみの「聖杯3」の組み合わせです。

とても賑やかで楽しい雰囲気の中で、打ち合わせはスムーズでしょう。

盛り上がって、新たなアイデアが次々に生まれそうです。

スリーカード

過去—現在—未来とか、相手—自分—関係など、一つの質問を三つの視点から同時に占います。78枚から3枚を使います。工夫次第でいくらでも応用できます。

質問　旅行はいつが良いですか?

剣5逆
〈3月〉

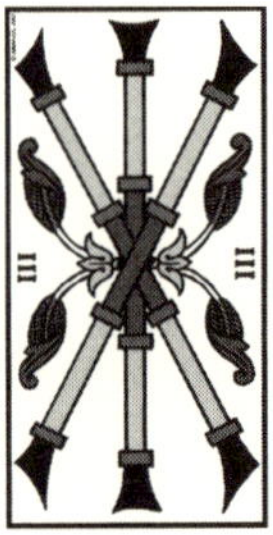
棒3
〈4月〉

戦車
〈5月〉

「剣5逆位置」はトラブルの可能性が。「棒3」は問題ナシですが、意気揚々と車に乗っている「戦車」がベストです。

質問　二人の相性は?

金貨4
〈相手〉

戦車逆
〈関係〉

聖杯8
〈自分〉

「金貨4」は堅実で、「聖杯8」は忍耐強い性格。お互いに真面目ですが、保守的で頑固なところがあります。関係が「戦車逆位置」ですので、試行錯誤しながらも、何とかうまくやっていけるでしょう。

トライアングル

主に関係性を占う時に使います。相手と自分、プロセスと結果の四つポイントで占います。

質問　知り合いからお金を返してもらえるでしょうか？

正義逆
〈質問者〉

金貨３
〈結果〉

金貨９
〈相手〉

審判
〈プロセス〉

相手は「金貨９」ですから、かなりお金を持っています。

プロセスの「審判」は知らされるとか気づきを表します。

結果は「金貨３」でお金が増えるのですから、話せば必ず返金されるはずです。

質問者は「正義逆位置」で、許せん！と怒っているようですが、相手に対して偏見を持っているかもしれません。

スクエア

性格・心理・アドバイスなどを、プラス面とマイナス面、そして結論の三つの切り口から占いますので、非常に細かいリーディングができます。著者が頻繁に使用するオリジナルスプレッドのひとつです。

プラス面とマイナス面は2枚ずつのコンビネーションです。コンビネーションが苦手な方は、プラス面とマイナス面を1枚ずつに減らして、スリーカードで代用してください。

他にも、適職や才能など、プラス面とマイナス面を比較しながら答えを探すのに、最適なスプレッドです。

質問　付き合っている彼がいますが、自信がありません。相手は自分のどんなところを好きになったのでしょうか？　また、どんなところに気をつけたら良いでしょうか。

節約

聖杯４

〈プラス面〉

聖杯の女王

〈総合的な印象〉

剣の女王

月

〈マイナス面〉

プラス面は、家庭や安心感を表す「聖杯4」と、控えめで優しい「節制」です。彼は、穏やかな質問者と一緒にいて、とてもリラックスできるのでしょう。家庭的な優しさに心が癒されるのかもしれません。両方とも4数のカテゴリーですから、安定感などの4数の意味合いが強調されます。

マイナス面は、一途で一生懸命な「剣の女王」と、先が見えないほど長く続くことを表す「月」です。どこまでも一途ということです。どんな困難にも負けない強さが恋愛に対する必死さに感じられ、重たく感じることがあるかもしれません。

総合的な印象は「聖杯の女王」。彼の目にはとても女性らしく映っています。華やかではないが控えめで、優しい印象です。きっと好みのタイプなのでしょう。

占いの答えは、「優しく女性らしいところが好きで、見た目もタイプ。自信を持って大丈夫です。真っすぐなところも好きなようですが、あまり彼に尽くしすぎないようにしてください。もう少し恋愛を楽しむ感覚を持つと良いでしょう」となります。

質問　いつも対人関係でつまずいてしまいます。どうしたら良いでしょう。

塔

星

〈プラスの要素〉

金貨の騎士

〈総合的なアドバイス〉

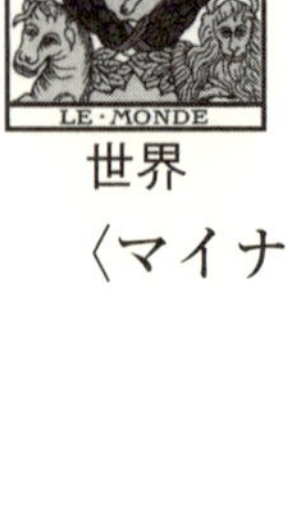

世界

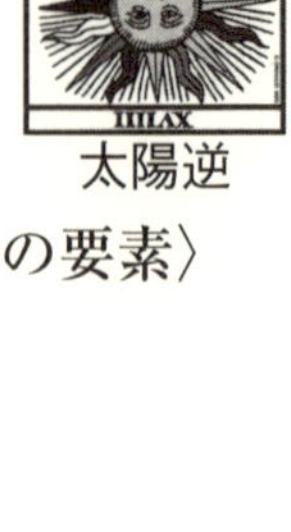

太陽逆

〈マイナスの要素〉

この質問の答えは「等身大の自分で、自分らしくいなさい」ということです。総合的なアドバイスの「金貨の騎士」がそれを示しています。

マイナスの要素は悪化させる原因を示しています。「太陽逆位置」の意味合いは、逆位置で象意が偏ったり歪んだりします。高いステータスにこだわりすぎたり、信頼関係にシビアであったりしてはいけません。「世界」の象意のことではいけないというのですから、完璧であろうとしてもいけません。つまり、背伸びをするな、ということです。

プラス面は、解放を表す「星」と、自惚れに対する警告やすべてを失うことを表す「塔」です。「星」も一糸まとわず、何も持っていません。財も肩書も、何もかも捨ててしまいなさい、とタロットは言っているのです。

大アルカナがこれだけ多く出ているのですから、かなりインパクトの強いメッセージ内容です。強く意識しないと良い状態にはならないよ、という第二のメッセージです。

「金貨の騎士」は周りのことはお構いなしで、自分のすべきことを黙々とやる人物です。良い人を演じるのをやめて自分らしく自然体でいれば、おのずと人は寄ってくるはずです。

ヘキサグラム

現状や未来、願望や結果など、複数の質問をまとめて占っているため、全体的な流れを見るのに適しています。

並べる順番やポジションにこだわる必要はなく、好きなようにアレンジしてください。

質問　婚活をしていますが、なかなか良い出会いがありません。今年中に決まりますか。

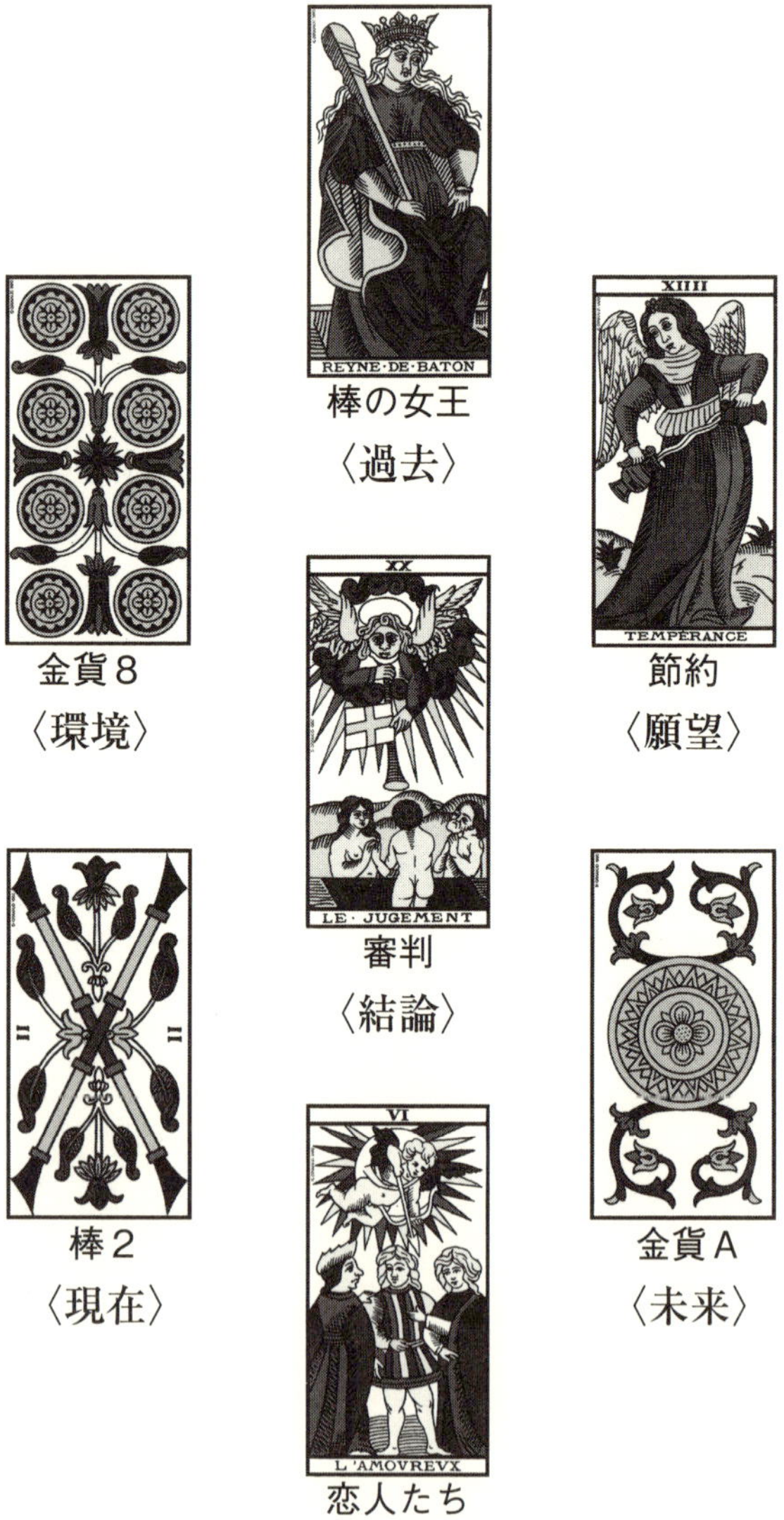

「審判」が結論に出ています。はっきりする、わかる、気がつくという象意と10数のレベルアップする変化のニュアンスもありますから、出会いがあるでしょう。良い知らせがあるということでもあります。

過去には、「棒の女王」が出ています。質問者が男性なら、明るく積極的な女性に惹かれていたのかもしれません。質問者が女性なら、モテたのかもしれませんし、行動あるのみ！と意気込んで頑張っていたのかもしれません。

現在は行動が止まるとか、受け身の象意を持つ「棒2」ですので、ペースダウンしたか、受け身になっているようです。

環境を示す「金貨8」は、金貨の遅さと8数の繰り返すという象意から、同じ所で同じ状態を繰り返しているか、同じようなタイプばかりで飽きているのかもしれません。かなり時間がかかっている状態も示しています。連続するという象意から、それでもお見合いを続けているのかもしれません。

未来は、手応えを感じ始める「金貨A」で示されていますから、ちょっとした出会いがあるようです。願望の「節制」は、婚活に疲れてゆっくりしたい気持ちや、平和で穏やかな付き合いのできる相手を望んでいることを示しています。

対策は「恋人たち」。直感を信じなさいとか、成り行きに任せなさいとか、選択肢を増やしなさいということです。

全体的に偶数のカードが多いのがわかります。これは、スピーディに進まないことを暗示しています。今年中に決まるとしても、相手に出会うまでには少し時間がかかるでしょう。

すべてカードが正位置なのは、どの要素も偏りが少ないということなので、まずまず安定した流れになるという暗示です。

枚数を多く使うと、数やスートの偏りなどの特徴が表れ、それを元にさらに立体的にリーディングすることができます。しかし、質問を細かく設定して占う方がスッキリと的確な答えが得られます。

上手に使い分けてください。

第二節　テーマ別サンプルリーディング

納得のいく占いをするためには、質問を掘り下げなくてはなりません。そのためには、枚数の多いスプレッドですべてを見ようとせずに、一つのテーマに対していろいろな角度から細かく質問して、結論を導き出すという方法をとりましょう。

これを分占《ぶんせん》といいます。文字通り、質問を細かく分けて占うのです。例えば、仕事運は？と質問されたら、仕事の何が知りたいのかを明確にしてください。給料のことなら給料についてだけ占い、人間関係ならそれに限って占うのです。全体的なことが知りたければ、それらを別々に質問して、最後に総括して答えを出します。

もちろん、占いの方法は決まっていませんので、好きなスタイルで臨んでくださって構いませんが、これが本書の実践的占いの基本スタイルだということを覚えておいてください。

さて、第二節では実際の鑑定例を混じえたリーディングをご紹介します。わかりやすくするためにかなり簡潔にまとめたので、実際の鑑定よりもシンプルになっています。ご了承ください。

また、紙面の関係上省略している場合もありますが、基本的には必ず最後に対策やアドバイスを占うようにしてください。そして、サンプルをヒントにしてスプレッドなどをアレンジし、自分にふさわしい方法を見つけてください。

占いをうまく使って、人生を切り開いていきましょう。

恋　愛

恋愛の何が知りたいか、占いの的を絞ることから始めましょう。相性、今後の展開、気持ちなどを別々に質問して占ってください。

質問　付き合って半年の彼がいます。最初は毎日のように会っていたのですが、最近は連絡も減ってきました。元彼女とは友達として仲が良いと言っていたので、もしかしたら……という不安があります。この先うまくやっていけるのでしょうか。

紙面に限りがあるので、ここでは知りたいことを三つに絞って質問することにします。それぞれの質問に対してどのスプレッドを使うかは、自分で自由に決めてください。今回は次のようなスプレッドを使うことにします。

・彼の気持ち　……コンビネーション
・浮気の可能性……スリーカード
・今後の展開　……トライアングル

注意：基本的に質問ごとに占い直してください。一度にコンビネーション・スリーカード・トライアングルの全部は展開しません。

《彼の気持ち》

女帝

棒の従者

「女帝」は母性や何でもできる有能な女性を表し、「棒の従者」は野心に燃える子供です。
　2枚セットで子供を見守る母親のイメージです。彼は甘えさせてくれる女性だと思い、安心しきっているようです。

《浮気の可能性》

愚者

〈彼〉

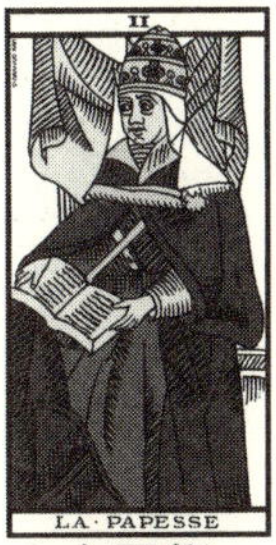

女司祭

〈関係〉

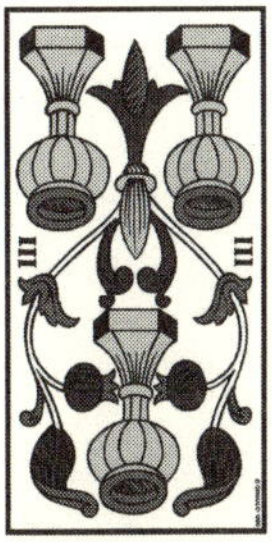

聖杯３逆

〈相手〉

彼は「愚者」。逃げる、型にはまらないという象意ですから、相手を全く意識していません。他に気になることがあるのかもしれません。

相手（元彼女）は「聖杯３逆位置」。気が乗らないようです。

関係は「女司祭」。前の２枚から互いに強い関心がないようなので、実体がないという象意を当てはめ、連絡すら取っていないとリーディングします。

そもそも恋愛関係に聖職者のカードはお呼びでありません。

《今後の展開》

剣７

〈質問者〉

太陽

〈結論〉

棒の従者

〈彼〉

剣６

〈経過〉

彼の様子は「棒の従者」です。現在も今後も恋愛より他に興味があるようです。

質問者の様子は「剣７」。今以上に努力するのでしょう。

「剣６」が経過を示しています。今後は小さな問題も降って湧いてきます。

結論は「太陽」です。目標達成や強い信頼関係を象意とします。質問者の努力で状況が好転し、良い関係になれるでしょう。

望んでいるなら結婚も可能かもしれません。

答え　彼の浮気の心配はないようです。元彼女であるかどうかわかりませんが、特定の女性に興味を持っていません。連絡が減ったのは、何をしても質問者が許してくれるだろうと甘えているのと、仕事など他にやりたいことがあるからでしょう。今後も小さな問題はおきますが、あなたの努力で今以上に良い関係になれるようです。

転職

質問　現在の会社に不満があり、転職を考えています。しかし、いろいろ考えるとリスクが大きく、悩んでいます。転職すべきでしょうか。それとも、今のところにとどまるべきでしょうか。

これもいくつかの質問に分けて占います。
・現在の会社で働き続けたらどうなるか……トライアングル
・1年以内に良い転職先が見つかるか……トライアングル
・どうすべきか（アドバイス）……ツーカード

《今の会社にいた場合》

剣５逆
〈質問者〉

剣９逆
〈結論〉

悪魔
〈状況〉

金貨７逆
〈経過〉

全体的に見ても悪印象が伝わります。質問者にとって今の会社はいずれ「悪魔」の危険な状況になります。不快なことや良くない状態が続くでしょう。「剣５逆位置」は何かと反抗したり、トラブルを起こしたりして、まわりから攻撃されやすくなることを表します。ポジティブに解釈すれば、恐れずに挑むとか争いの妥協点を見つけると考えられますが、その後の流れが良くありませんので、ネガティブな意味合いが強くなります。「金貨７逆位置」は実績上がらず、「剣９逆位置」は困難の極みになることを示しています。剣と悪魔のカードがほとんどです。大きな妖怪を相手に戦っているイメージです。

今後もかなり厳しいでしょう。

《転職先が見つかるか》

金貨9

〈質問者〉

皇帝

〈結論〉

吊るし人

〈状況〉

塔

〈経過〉

　転職活動した場合の質問者の様子は「金貨9」です。高い価値という象意から、今は迷っていても、活動し始めたら自信を持って挑み、自分を高く売り込んだり、高い条件を求めたりします。状況は「吊るし人」で、宙ぶらりんな状態という象意から、良い会社と出会いにくいことが考えられます。しかし、経過の「塔」の予期しないハプニングを経て、安全や安定、信頼を意味する「皇帝」の結果に至るので、意外な展開から信頼のおけるところに落ち着くという感じでしょう。

　転職先は見つかります。

《アドバイス》

星

〈やるべきこと〉

運命の輪逆

〈やってはいけないこと〉

やるべきことには、解放を意味する「星」が出ています。執着を捨て、一からスッキリ始めなさいということなので、転職を促しています。

「運命の輪逆位置」はタイミングを逸してはいけないと言っています。

ぐずぐずしていたらタイミングを逸するので、素早くアクションを起こしなさいというアドバイスです。

答え　転職すべきでしょう。今のところにいても、状況は悪くなる一方です。しかし、再就職するには若干時間がかかりそうですから、早めに行動を開始した方が良いかもしれません。あきらめかけそうな時に突然のチャンスが訪れ、予想もしなかった良い就職先に出会えるでしょう。

択日

旅行や引っ越しがいつがいいか、出会いはいつかなど、「いつ?」という質問に答えます。何月〜何月、何日〜何日というように、予め期間や候補日を決めておくことがポイントです。

質問　来月の土曜日のどこかで引っ越しをする予定です。良い日はいつでしょうか。

その月に土曜が4日あるとします。良い日という定義は様々ですが、ここではスムーズで問題なく引っ越せる日と定義します。各日にカードを1枚ずつ割り振ります。

第1土曜日

剣8

第2土曜日

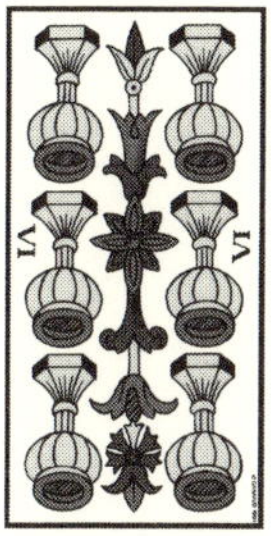

聖杯6逆

第3土曜日

戦車

第4土曜日

力

カードのニュアンスから選ぶか、仲間外れの1枚を選ぶかのどちらかのやり方で見極めます。カードのニュアンスであれば、第3か第4土曜日が良さそうです。どちらかといえば、前進する象意のある「戦車」がふさわしいので、第3土曜日がベストでしょう。

仲間はずれから選ぶ場合は、唯一逆位置のカードが出ている第2土曜日です。この場合はカードのニュアンスは無視してください。

実践において、どちらの方法も遜色なく、的確な答えを教えてくれます。

答え　第2（第3）土曜日が良いでしょう。

失せ物

質問　カギをなくしました。どこでなくしたか見当もつきません。出てきますか。

トライアングルスプレッドを使います。

金貨の王
〈モノの状態〉

法皇
〈結論〉

金貨２
〈経過〉

棒４
〈場所〉

結論の「法王」は、さまよう子羊を受け入れるという象意です。カギが持ち主に戻ってくるということで、見つかると判断できます。

状態は「金貨の王」。立派な人物像のイメージから、カギは良い状態です。

場所は「棒４」が示しています。安定、安全の４数と棒＝木から四角い木ということで、家屋を示すことが多く、事務所や自宅の可能性があります。
いずれにせよ、建物の中に保管されています。金貨4も家屋を示すことは多いです。経過は静止と固さ、遅さを表す「金貨2」ですから、動きがありません。こちらから心当たりの場所に赴けば、かなり高い確率で見つかります。

答え　カギは見つかります。良い状態で保管されているようです。建物の中にあるという暗示なので、家の中を探すか、立ち寄った店を訪ねてください。木造の建物か木箱の中にあります。
実際、イベント帰りに食事をした店の、木製の机の引き出しに保管されていたとのことです。

病勢

病気は本人との戦いと捉えて、力関係で見ます。冒頭で申し上げた通り、どのテーマでも最後には必ず対策やアドバイスを占っていただきたいのですが、特に病気や健康がテーマの場合には必要不可欠です。スリーカードを使います。もちろん、他のスプレッドでも構いません。

質問　昨年、出術をし、現在は通院して様子を見ている状況です。今後、再発や悪化することがないか心配です。

力逆
〈質問者〉

運命の輪
〈対策〉

聖杯２
〈病気〉

質問者と病気のどちらが強いかをカードで見極めます。「力逆位置」と「聖杯２」は大アルカナの方が逆位置でも強いです。

また、聖杯は「冷＋湿」の性質で、活動的ではないが粘着質。２数は密着と静止という象意を持つので、総合的に考えると病気に勢いはないが長く関わることになりそうです。分離という象意を採用するなら、病気はやがて離れていくでしょう。

対策は「運命の輪」で、自然な時間の流れを表します。定期的に通院して、回復させましょう。

答え　再発や悪化の心配はなさそうです。焦って奇妙な治療法など取り入れずに、時間をかけてゆっくり治療していくと良いでしょう。

妨害

少し癖のあるテーマですが、実に多くの質問を受けます。

成功を妬んだり、足を引っ張ろうとしたりする人はいるもので、そういう邪魔によって被害を受ける可能性があるのかとか、邪念を向けられていないか知りたいというのです。

スクエアを使います。

質問　広告業界から大手小売りメーカーの広告宣伝部門に特別な条件で転職してきました。漠然とですが、ある上司に悪意を持たれて邪魔されているような気がします。気のせいでしょうか。

世界逆
〈質問者〉

剣10
〈質問者の背景・味方〉

聖杯5
〈今後の状況〉

13番
〈相手〉

棒10
〈相手の背景・味方〉

質問者VS相手として、病勢占と同様にカードの力量を比較して判断します。それぞれの背景は参考程度に判断の補助としてリーディングします。

さて、質問者は「世界逆位置」で相手は「13番（死神）」です。単に気にしすぎているだけなら、相手にここまで存在感のあるカードは現れません。気のせいではありません。

両者ともに大アルカナです。相手の力量も侮れませんが、すべての存在の統治者の世界の方が格上です。お互いの背景や味方は同じ10数のカード。互角ですが、戦いにおいては棒より剣の方が強いのです。短期決戦なら棒の火の性質は威力を発揮しますが、職場では関わりが長くなるはずなので、剣が優勢です。それぞれに大勢の味方がいるのでしょうが、「熱＋湿」の性質の剣の結束は固く、多少のことでは質問者を見捨てません。一方の棒は「熱＋乾」の性質から、離れやすいのです。質問者が有利でしょう。

もちろん、「剣10」の「大きな問題を抱えている」という象意から、質問者に不利という判断も可能です。どちらの象意を採用するかは占う側に委ねられています。

今後の行方を示す「聖杯5」の象意について本書では「ワクワク感・冒険心」としていますが、それではこの質問の答えとしてはしっくりきません。

そこで、改めて聖杯と5数の象意を組み合わせて考えてみます。聖杯は漠然として形がなく、5数は不安定さや中途半端さを表しますから、どうなるかわからない曖昧な状態とイメージできます。

答え　妨害されていると感じるのは気のせいではないようです。ただし、あなたの方が様々な面で一歩リードしているので、恐れることはありません。今後も状況は落ち着かないようですので、改めて対策を考えると良いでしょう。

霊　崇

通常の占いとは異なる分野の質問ですが、実際には相当数の依頼が寄せられます。霊崇《れいすう》占は東洋の占いでよく見受けられ、それをタロットに応用しています。鑑定で集めたデータをもとにエッセンスをご紹介しましょう。

スクエアを使います。

質問　以前から自宅で不可解な怪異現象が頻発しています。何かあるのでしょうか。

剣3

悪魔

〈天の位置〉

金貨8

〈人の位置〉

金貨3

金貨4

〈地の位置〉

天の位置　守護神や善を示します。ここに禍々しいカードが現れれば、祀り事をおろそかにしていたり、神仏に関する問題があります。清々しく良い印象のカードなら、強い守護があります。

人の位置　現状や質問者の状態、問題への自覚、対応能力などを示します。

地の位置　障りの有無や大きさを示します。禍々しいカードが現れれば、悪い霊的作用があります。

原因は全体的な視点から判断します。

大アルカナが多い ↓ 状況が深刻であり、影響が大きく、著しい現象が現れます。

小アルカナが多い ↓ 奇妙な現象が日常化しているか、または影響が小さい。

宮廷《コート》カードが多い→影響は中程度。生きた人の想念、または生死問わず縁者や知り合いが原因。

棒が多い→突発的な事故、暴力、火災、親族の争いなどの問題。

金貨が多い→土地の問題、先祖、位牌や神棚、墓、物品や金銭のトラブル、文書、ルール違反等の問題。

剣が多い→殺傷事件、裏切り、戦い、復讐、敵対関係、刀剣による問題。

聖杯が多い→色情、病気や病死、家庭内のトラブル、水に関する問題。


例題を見てみましょう。

依頼者は北関東在住。代々受け継がれてきた土地に、家族で住んでいます。家屋は高台にある築40年くらいの普通の一軒家です。ドアが勝手に開閉するとか、奇怪な音がするのは当たり前で、捨てた人形や着物が、しまってあった場所にいつの間にか戻っているとか、壁に文字が浮き出るとか、様々な怪奇現象に悩んでいるとのことでした。


さて、人の位置が「金貨8」ですから、依頼者は冷静です。昔からのことなので慣れているとのことでした。8数は長く続くの象意、金貨は冷静。これらが現状を表しています。

地の位置の「金貨3」「金貨4」からは災禍を感じません。しかし、天の位置の「剣3」と「悪魔」は禍々しい印象で、神仏の怒りを表します。

詳しく話を聞くと、先代が信仰心のない人で、仏壇や神棚を叩き壊して庭に埋めてしまったとのこと。出来すぎた話に聞こえますが、実話です。

全体的に金貨が多いので、まさに仏像や神棚の扱い方が原因です。もしかすると、土地の問題もあるのかもしれません。

質問　不運な出来事が続いています。何か悪いものが憑いているのでしょうか。

依頼者は、四十代後半の女性。都内に新築の家を購入後、引っ越してから奇怪な現象に悩まされ、仕事や対人面でアクシデントが続いているとのことでした。自分に何か悪いものが憑いているのか、それとも家や土地に問題があるのか知りたい、というご質問です。

まずは、依頼者の霊的影響から見てみましょう。

棒8

金貨5

〈天の位置〉

塔

〈人の位置〉

金貨10

聖杯女王

〈地の位置〉

現状を示す人の位置は「塔」です。依頼者の言うように、予期せぬトラブルが頻発し、深刻な状況ですが、天の位置と地の位置の両方が小アルカナだけですので、霊的影響は小さいと判断します。

しかし、地の位置の「聖杯女王」が若干気になります。「聖杯10」は感情の大きさや強さ、様々な思いが集合することを表しますから、ひとりまたは複数の女性の強い妬みや嫉妬などが影響を及ぼしているかもしれません。

次に、家の霊的影響を見てみましょう。

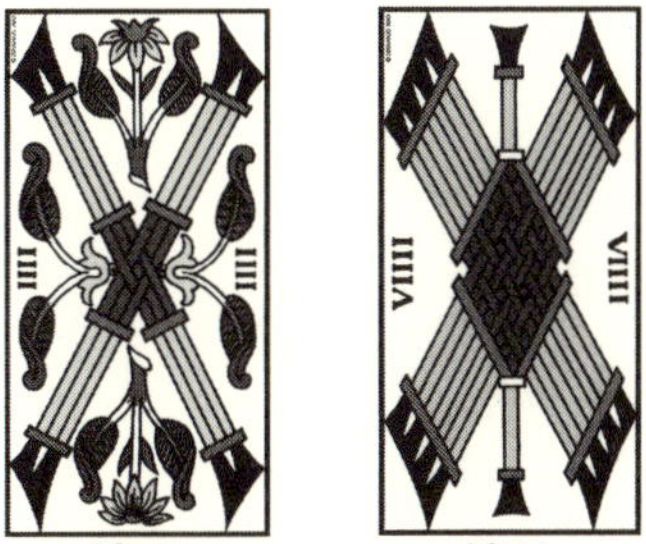
棒４　　棒９
〈天の位置〉

13番
〈人の位置〉

吊るし人　　月逆
〈地の位置〉

人の位置は、激しい変化を表す「13番」です。実際、電気系統に頻繁に不具合が発生し、やたらと物が壊れるとのこと。大アルカナですから、ハッキリ自覚できるほどの現象が起きていることを表しています。

そして何より、地の位置には大アルカナが2枚。「吊るし人」の象意は犠牲や正体が定まらないことであり、「月逆位置」は果てしない闇です。何やら禍々しさを感じます。このコンビネーションは、何か得体のしれない存在が隠れているとか、それが長い間苦しみ続けているというイメージを想起させます。

天の位置は小アルカナ2枚なので、神仏の影響は目に見えて強くはありません。

霊的な悪影響が著しいといえます。

最後に土地の霊的影響を見てみましょう。

剣3逆

女司祭

〈天の位置〉

金貨5逆

〈人の位置〉

太陽

戦車逆

〈地の位置〉

人の位置は小アルカナだけで、特別なこともないようです。

天の位置には「女司祭」が現れています。崇高なイメージこそあれ、禍々しさは感じません。剣のスートのカードとセットなので、いささか厳しい感じはあります。厳しい性質の善の存在に守られていると考えて良いでしょう。

しかし、地の位置には大アルカナが2枚。「戦車逆位置」も「太陽」も禍々しさや暗さはありませんが、勢いがあり、猛々しさを感じます。そういう類の「何か」が関係しているのかもしれません。

霊的な悪影響はあるものの、守りもあり、吉凶半々です。

以上から総合的に判断すると、家屋か土地に障りの原因があるといえます。特に、新築とはいえ、家屋に原因があるようです。

それをお伝えしたところ、客間を飾るために新たに購入したアンティーク家具が思い当たり、早急に供養などの対応をしたとのことでした。その後、怪奇現象もなくなり、順調であるとの知らせをいただきました。

判断する上で大切なポイントをひとつ加えておきます。それぞれのタロットカードには吉凶がありません。禍福や清濁、善悪は自分のイメージから判断してください。例えば、「悪魔」のカードを禍々しいとするか否かは、占者に委ねられるということです。

開運

最近ついていないと感じる時、アドバイス的な感覚で開運方法を占うことができます。

方法は主に三種類あると言えるでしょう。一つ目は、実際の行動で流れをプラスに導く方法。二つ目は、他力本願ではありますが、ラッキーアイテムやカラーを使う方法。そして最後は、神仏とのご縁を結ぶ方法です。

簡単にご紹介しましょう。

質問　自分は今何をすれば幸せを感じることができるのか。

塔

棒７逆

〈プラス面〉

剣の騎士

〈統合的なアドバイス〉

金貨４

恋人たち

〈マイナス面〉

スクエアを使います。上2枚は開運に導く行動を、下2枚はその逆に開運を妨げる行動を示します。中央は総合的なアドバイスです。

さて、プラス面は、猪突猛進の状態を表す「棒7逆位置」と、崩壊を表す「塔」のコンビネーションです。まさしく「当たって砕けろ」という感じです。

また、「棒7逆位置」を欲を出して動く様子、「塔」をすべてを失った状態として、「欲を出してすべてを失う」とネガティブにイメージしても構いません。この場合は無謀さに対する警告とはせず、開運に導く行為なので、それくらい無謀な冒険をしなさいという強いアドバイスになります。このことを、マイナス面の

２枚が裏付けています。

マイナス面は環境や経済的安定を表す「金貨４」と、自分で決定できない状態を表す「恋人たち」です。開運を妨げる行動を示すのですから、そのことを否定しているのです。「安定した状態の中で、アレコレ迷うな」といったニュアンスでしょう。

総合的なアドバイスは「剣騎士」が示しています。勇敢に戦う騎士です。「思い切ったアクションを起こし、目標や夢に向かって全力を尽くしなさい」というのが、答えになります。

質問　ラッキーアイテムが知りたい。

聖杯２

金貨９

アイテムを持つだけで幸せになれるという考え方は安易かもしれません。しかし、それが心の支えとなるケースもあります。真剣でも、ちょっとした遊び感覚でも、どちらのスタイルで占っても構いません。

コンビネーションを使います。

「聖杯２」は密接な関係を、「金貨９」は価値の高い物や複雑な形の物を表します。これから、大事な人からのプレゼントや形見、ペアリング、大好きなアイテムなどがイメージできます。

色や感触については、スートの持ち味から想像を膨らませてください。

大アルカナの場合は、象意のイメージに加え、「杖」「馬」などの図柄を直接的に判断に用いても良いでしょう。

どの神仏にご縁するかということは、本来、占いの範疇を大幅に超えるものであり、中途半端な動機で行うものではありません。止むを得ない事情がある場合にのみ占います。

ここでは、コンビネーションを使った方法のポイントを述べるにとどめたいと思います。

まず、心を込めて場を清め、集中しましょう。方法に決まりはありません。

そして、大アルカナ、小アルカナを問わず、２枚のカードからイメージを引き出してください。勢いが強いとか、穏やかとか、どんなことでも結構です。

そして、目を閉じ、そこからさらに別のイメージを辿るように、想像を膨らませてください。

閃くものがあれば、それが答えです。何もなければ、深追いせずに終了してください。

また、「星」なら弁財天、「魔術師」や「A（エース）」は少彦名命など、自分が持つカードのイメージと神を重ねても構いません。

数札の場合はイメージしにくいかもしれません。奇数を男性性、偶数を女性性として、ヒントにしてください。奇数と偶数のコンビなら、数の小さい方を採用します。例えば、金貨8と剣5なら、5数を採用してください。

煩雑ですが、10とAのセットなら1数になります。5と10のセットなら、主神と眷属の両方を示します。

また、スートの火地風水の属性も重要な鍵になります。

しかし、あまり象意にこだわらないことがなにより大切です。インスピレーションを最優先してください。

前世

前世については否定的な見方もありますが、ファンタジー性が癒しになるのか、世情なのか、これも依頼の数が多い案件です。実際に前世があるか否かは問題ではなく、明日を生きていくためのひとつのヒントとして活用してください。

基本的には過去の人生をそれぞれのテーマに分けて占います。過去生の人物像や印象的ないくつかの場面、年齢別の様子などをそれぞれ別に占って、全体的なストーリーをイメージします。しっかり占おうとすれば、簡単ではありません。

方法としては、前世をイメージするうえで必要なことをいくつか質問します。ここでは煩雑にならないように四つの質問にとどめて、使用するスプレッドもシンプルなものを使うことにします。

・人物像……コンビネーション
・メインの人生の背景……コンビネーション
・何を求めて生きていたのか……スリーカード
・人生の終わりの場面で、何を思っていたのか……スリーカード

質問　通常は問題ないのですが、親密な関係になろうとすると邪魔が入ったり、相手が行方不明になったりして問題が起こります。何度も同じパターンを繰り返しているのに、解決策が見つかりません。ある人から前世に原因があると言われました。自分の前世が知りたいです。

《メインの背景》

女司祭

金貨６逆

《人物像》

聖杯の従者逆

太陽逆

「女司祭」は陰に隠れることや、存在が曖昧なことを表します。

「金貨６逆位置」は環境が定まらないことを表します。

　世間から隔離されたか、どこかに捨てられた後、転々と行く当てもなくさまよっていたのでしょう。


「聖杯の従者逆位置」は子供を表し、時に身体的に障害のある様子を表すことがあります。

「太陽逆位置」は高いステータスと、一人しか生き残れないシビアな状況を表します。

　古い時代には障害を忌み嫌うことがあったようですから、何かしらの事情で名家から見捨てられた子供のイメージが思い浮かびます。

《求めていたこと》

13番
〈希望〉

星
〈結論〉

吊るし人逆
〈恐れ〉

「星」の象意は自由と解放です。

「吊るし人逆位置」は身動きがとれないことや犠牲、苦しみを表します。

　何もできないまま苦しい状態が続くことが耐えられなかったのでしょう。

「13番」を死と再生と捉えれば、死んで楽になるなら、それも構わないと思っていたのかもしれません。

《最後の場面の思い》

愚者逆〈希望〉　星〈結論〉　剣９逆〈恐れ〉

「愚者逆位置」は無謀なことや逃避を表します。

「剣９逆位置」は困難や苦痛の極みを表します。

　最後の最後まで、痛みや辛さが伴っていたのかもしれません。これ以上はもう嫌だ、といった感じです。

　一刻も早く違う世界に旅立ちたかったのでしょう。

「星」がそれをよく表しています。最後の場面で何を思っていたかといえば、やはり解放です。ずっと＜求めていたこと＞とほぼ同じです。

　最初から最後まで苦しさから逃れたいと思い続けて生きてきたのでしょう。

答え　ステータスの高い家柄に生まれた子供です。しかし、何かしらの事情があって家を出され、その後は誰も知らない所に追いやられ、まるで生まれてこなかったかのように扱われたようです。最初から最後まで辛い人生で、いつもこの辛い世界から早く解放されたいと願っていたようです。どこかで人を恐れていて、それが現象に表れているのかもしれません。

他に、家族関係や社会的立場、仲の良かった人、過去生での重要な出来事、そして今何をすべきなのか、など質問を細かくして、より具体的なストーリーを考えてみてください。

どんなストーリーでも構いません。そこから、何かしらの〝気づき〟があれば、それで良いのです。このテーマを扱う最大の目的は、気持ちを軽くすることです。それ以上でも、それ以下でもありません。

「何故いつも同じ壁にぶつかるんだろう」と悩んだ時に、過去生でも同じことを繰り返していると考えたら、馬鹿らしくなって、それまでの考え方を改めることもあるかもしれません。過去生で成し遂げられなかったことを知ったら、それを当面の目標として生きていこうと思えるかもしれません。

誰しもが、自分で自分を作り上げている部分はあるものです。

うまく活用してください。

参考文献

以下の書籍を参考にさせていただきました。紙面を借りてお礼を申し上げます。

『ギルガメシュ叙事詩』　矢島文夫 訳　ちくま学芸文庫
『シュメル神話の世界――粘土板に刻まれた最古のロマン』　岡田明子・小林登志子 著　中公新書
『物語　ギリシャ哲学史――ソクラテス以前の哲学者たち』　ルチャーノ・デ・クレシェンツォ 著／谷口　勇 訳　而立書房
『物語　ギリシャ哲学史Ⅱ――ソクラテスからプロティノスまで』　ルチャーノ・デ・クレシェンツォ 著／谷口　伊兵衛 訳　而立書房
『古代哲学への招待――パルメニデスとソクラテスから始めよう』　八木雄二 著　平凡社新書
『数秘術大全』　アンダーウッド・ダッドリー 著／森　夏樹 訳　青土社
『タロット大全――歴史から図像まで』　伊泉龍一 著　紀伊國屋書店

おわりに

私がタロットと出会ったのは、勘違いによる偶然でした。

もともと神秘的なことや占いに強い興味を抱いていたわけではなかったのですが、偶然が偶然を呼んで占いを職業とするようになり、さらには本書を出させていただくまでに至りました。

もちろん、その過程で占いへの関心が高まっていたのも間違いありませんが、どうにも何かが糸を引いているような気がしてなりません。

タロット占いにおいても、78枚の中から答えを示すカードは偶然に現れます。そして、それが生き方を決める一手になったりするわけです。

こんな風に考えると、不可思議さを意味するタロットカードの「愚者」が、私たちの生活のアチコチに顔を覗かせているようです。

さて、どんな巡り合わせが皆さまを待ち受けているのでしょうか。とても楽しみです。「愚者」に身を委ねつつ、素晴らしい人生を創造していってください。

本書では、今までにないアイデアを試みさせていただきました。型にはまらないスタイルを重視するというのは、占い関連の本では珍しいことだと思います。

これについては、東洋占術の大家である東海林秀樹先生、西洋占術の大家であるエミール・シェラザード先生からアドバイスをいただきました。これもまた偶然に、新宿にて三人でお会いしたことに始まります。特に東海林先生には一方ならぬお力添えをいただき、感謝の念に堪えません。

そして、ご協力いただいた玉澤美香さん、田中かおりさん、狩野よし江さん、ここまで読んでくださった読者の皆さまに心からお礼を申し上げます。ありがとうございました。

浜田　優子

著者紹介
浜田 優子（はまだ ゆうこ）
東京都中央区生まれ。タロットをきっかけに占いの奥深さに感銘を受けて勉強を始め、2001年からプロとして活動を開始。実際的な対面鑑定をはじめ、雑誌やラジオ、イベントなどで占いを担当する。東西の占術を広く学び、現在も研究を続けている。
著書；『一番やさしいタロット』（日本文芸社）など
http://tarot-uranai.sakura.ne.jp/RollingCat/index.php

運勢好転への羅針盤
新釈 マルセイユ タロット 詳解

２０１６年９月28日　第１刷発行
２０２１年２月16日　第２刷発行

定　価――本体２７００円＋税
著　者――浜田 優子
発行者――斎藤 勝己
発行所――株式会社東洋書院
〒１６０－０００３　東京都新宿区四谷本塩町15－８－８Ｆ
電　話　０３－３３５３－７５７９
ＦＡＸ　０３－３３５８－７４５８
http://www.toyoshoin.com
印刷所――シナノ印刷株式会社
製本所――株式会社難波製本

ISBN978-4-88594-500-7